KB219369

롬팔이팔

롬팔이팔

롬 8 : 2 8

합력하여 선을 이루어주시는 삶

한창수

규장

롬팔이팔의 하나님

"목사님, 장로님께서 병원에 입원하셨습니다. 기도 부탁드립니다."

규장, 갓피플의 여진구 대표님이 전화로 기도제목을 짧게 나누어주셨다. 코로나로 사회적 거리두기가 한창이던 2022년 2월에 여운학 장로님이 응급실로 들어가셨다는 소식이었다.

종합선교 규장과 303비전성경암송학교의 설립자이신 고(故) 여운학 장로님은 고령의 나이에도 불구하고 돌아가시기 직전까지 건강하게 암송학교와 장학회를 이끄셨다. 매일 새벽기도 후에 탄천을 거닐면서 성경 암송하기를 즐기셨으며, 전국으로 다니시면서 303비전으로 어머니들을 일깨우고 목회자를 격려하여 다음 세대를 준비하도록 독려하셨다.

종합선교 규장의 제2기 이슬비 장학생(1996년)으로 선발되어 27

년이 지나는 동안, 장로님이 곁에 없을 거라는 생각을 해본 적이 없었다. 장로님은 영성과 실력, 그리고 체력을 강조하시면서 언제나 '지속 보고서'를 작성해가며 체력과 영성을 관리해오셨다. 그렇기에 항상 정정하고 늠름한 모습으로만 내 기억에 남아 있었다.

또한 장로님이 제창하신 303비전은 30년씩 3세대인 100년의 비전이기 때문에 최소한 100세까지는 거뜬히 우리 곁에 계셔주실 줄 알았다. 무엇보다 장로님 스스로 121세까지 살아서 303비전의 1세대를 꼭 지켜보고 싶다고 하셨다. 그래서였는지 장로님은 항상 우리 곁에 계실 거라 여겼다.

그랬기에 장로님이 응급하게 병원으로 가셨다는 소식에 너무 놀라 잠시 정신이 아득해졌다. 늘 곁에 계실 줄 알았으나 그러질 못했고, 장로님은 그로부터 한 달여 동안 집중치료를 받으시다가 90세의 일기로 평안히 하나님의 품에 안기셨다.

장로님의 입원 소식을 듣고 장로님의 회복을 위해 간절하게 기도하면서 동시에 가장 먼저 한 일이 있다. 바로 책상에 앉아 이 책의 제목을 쓴 것이다.

"롬팔이팔."

'로마서 8장 28절'을 네 글자로 줄여서 부르시던 장로님의 신앙 고백이었다. 장로님은 언제나 우리에게 롬팔이팔을 가르치셨고, 그것이 이 책의 제목이 되었다.

> 우리가 알거니와 하나님을 사랑하는 자 곧 그의 뜻대로 부르심을 입은 자들에게는 모든 것이 합력하여 선을 이루느니라
>
> **롬 8:28**

장로님은 한평생 살면서 일이 진행되는 모든 과정이 하나님의 사랑 안에서 합력하여 선을 이룬다고 굳게 믿으셨고, 실제로 그렇게 살면서 우리를 가르치셨다. 궂은일을 당해도 낙심하지 않도록 롬팔이팔의 하나님을 고백하게 하셨다. 심장이 상하는 일을 당해도 롬팔이팔, 기쁜 일을 맞아도 롬팔이팔로 이끄신 하나님을 찬양하게 하셨다.

6

'롬팔이팔', 이 네 글자를 메모지에 써놓고 장로님을 위해 기도하다가 문득 장로님이 살아 계실 때 장로님께 내 인생의 롬팔이팔을 글로 보여드리면 좋겠다는 생각을 했다. 그리고 나에게 찾아오신 하나님께서 나를 어떻게 인도하셔서 롬팔이팔이 되게 하셨는지를 글로 옮기기 시작했다.

　원래 나는 60세까지는 삶으로 글을 쓰고, 60세가 넘어 책상에서 글을 쓰고 싶었다. 무르익지 않은 삶이 어설픈 글이 되어 훗날 삶과 글이 어긋날 때 독자들에게 진실하지 못한 책이 될까 염려되어 쓰고 싶은 글이 있어도 꾹꾹 눌러 참으며 삶으로 먼저 살아보려고 했다.
　그러나 장로님의 입원 소식은 나를 당장에 책상으로 이끌어 앉게 했다. 장로님이 아직 살아 계실 때 이 책을 헌사하고 싶었기 때문이다. 많이 사랑해주셨고, 진심으로 지도해주신 스승이자 아버지와 같은 분이시기에 은혜에 보답하고자 내 삶의 고백을 장로님 손에 쥐여드리고 싶은 마음에 서둘러 글을 썼다. 더 나아가 장로님의 친필 사인과 추천사를 꼭 담고 싶었다.
　하지만 미처 책이 나오기도 전에 장로님은 주님 품에 안기셨다. 내가 인간적으로 가졌던 얕은 낭만조차도 장로님은 허락하지 않으신 듯했다. 언제나 모든 영광은 하나님께만 돌리라고 박수를 칠 때는 손을 높이 들어 치게 하셨던 장로님께서 이런 나의 생각도 부질없다고 말씀하시는 것 같았다.

그래서 마음을 다시 다져《롬팔이팔》을 마무리하기에 이르렀다.

이 책은 모두 4부로 되어 있다. 1부에서는 말씀이신 하나님이 나의 인생에 찾아왔을 때 그 말씀이 어떻게 내 삶을 롬팔이팔이 되게 하셨는지를 간증의 형태로 기록했다. 2부는 나에게 찾아온 하나님의 말씀이 교회로 흘러 들어가 내가 섬기는 교회의 현장에 어떻게 롬팔이팔 하는지를 목회적으로 기록했다. 3부에서는 우리에게 주신 하나님의 말씀이 다음세대에 흘러 303비전을 이루는 자녀교육의 비전에 대해 나누었다.

마치 에스겔서에서 성전 문지방에서 나온 물이 흘러 큰 강을 이루고 바다가 되어 생명의 역사가 일어난 것처럼 하나님의 말씀이 나에게로 흘러 들어와 교회와 다음세대에 흘러 큰 생명의 바다를 이루게 될 것을 기도하면서 썼다.

이 강물이 이르는 곳마다 번성하는 모든 생물이 살고 또 고기가 심히 많으리니 이 물이 흘러 들어가므로 바닷물이 되살아나겠고 이 강이 이르는 각처에 모든 것이 살 것이며

겔 47:9

그리고 4부에서는 말씀암송 자녀교육을 살피면서 말씀암송의 신학적인 원리와 내용, 실제적인 암송의 적용 부분을 다뤘다. 더하여 각 교회의 목회자나 교사들이 말씀암송 자녀교육을 해야 할 신학적인 근거와 이유, 그리고 방법들을 조금 상세하게 적어보았다.

말씀암송 자녀교육을 한평생 부르짖었던 여운학 장로님은 우리 곁을 떠나 하나님 품에 안기셨지만, 장로님이 남긴 비전과 사명은 오히려 더 뜨겁게 불타오를 것이다. 수많은 303비전 가족들이 그들 자녀들의 마음에 새겨준 하나님의 말씀으로 이 민족이 세계 모든 민족 위에 뛰어나게 될 그날을 기도한다.

네가 네 하나님 여호와의 말씀을 삼가 듣고 내가 오늘 네게 명령하는 그의 모든 명령을 지켜 행하면 네 하나님 여호와께서 너를 세계 모든

민족 위에 뛰어나게 하실 것이라

신 28:1

이 책은 나와 같이 혼돈과 공허함 중에 빛이신 하나님을 모시기 원하는 이들이 '롬팔이팔'의 삶이 어떤 것인지 아는 데 도움이 될 것이다. 또한 자녀들을 말씀으로 양육하기 원하는 부모들에게 유익할 것이다. 말씀암송의 방법이나 기술에 대한 내용은 아니다. 다만, 말씀을 암송하고 싶도록 충분한 동기 부여는 해주리라 기대한다.

더 나아가 교회교육을 담당하는 사역자들에게도 도움이 되기를 바란다. 대부분의 목회자는 교육부서를 담당하는 교육전도사로 사역을 시작한다. 사역을 시작하자마자 맡겨진 하나님의 자녀들을 어떻게 지도해야 할지 고민하며 303비전으로 교회교육의 기틀을 마련하는 계기가 되기를 바란다.

좋은 책과 글을 출판하는 게 목적이 아니라 한 권의 책을 통해 영원하신 하나님이 드러나고 그분의 말씀이 전해지는 것이 가장 중요하다고 동기를 부여해주신 규장의 여진구 대표님께 감사를

드린다. 출판사 대표라면 출판되는 책의 가치나 내용에 관심을
더 기울일 법한데 출판될 책은 가볍게 여기고 책을 통해 역사하
실 하나님을 크게 보는 통 큰 가르침에 이 책이 출판될 수 있었다.
　책에 수록된 간증과 사례에 등장하는 가족과 교회의 성도들에
게 마음 다해 고마움을 전한다. 내 주변의 일상이 글이 될 수 있다
는 경험의 대상이 되어주셨다.
　나는 손이 많이 필요한 사람이라고, 늘 곁에서 손이 되어준 아
내에게 고마움과 사랑을 표현한다.
　끝으로 말씀이신 하나님을 내 안에 모셔 들이는 즐거운 수고를
사랑으로 가르쳐주신 고(故) 여운학 장로님을 기리고 기억하며
이 책을 드린다.

　　　　　　　　　　　　　　　　　　　　　한창수 목사

다음세대로 흘러가는
하나님 말씀

마음에 새기는
하나님 말씀

에필로그

01

나에게
찾아온
하나님
말씀

ROMANS 8 : 28

1

땅이
혼돈하고 공허하며

땅이 혼돈하고 공허하며 흑암이 깊음 위에 있고
하나님의 영은 수면 위에 운행하시니라
창 1:2

스물세 살 아들이 입대할 때, 포켓용 성경책을 사서 건네주며
이렇게 말했다.

"아들, 군대에서 성경을 읽을 때 연필로 밑줄을 그어가며 읽어
라. 성경이 더러워야 영이 맑아지고 성경이 깨끗하면 영혼이 어두
워진다. 성경에 밑줄 그어서 휴가 나오면 아빠에게 보여줘."

군에서라도 성경책을 열심히 읽을 것을 권하면서 눈길이 지나
는 곳에 연필 자국을 남기라는 말이었다. 그리고 아들이 첫 휴가
를 나올 때 나는 아들의 성경책을 확인하고 싶었다. 아들의 눈길
이 지나간 자리가 어디쯤인지, 어디에 은혜의 밑줄이 그어졌을지
궁금했다.

아들은 성경책을 가지고 첫 휴가를 나왔고, 숙제 검사 받듯이 내민 성경책에는 내가 부탁한 대로 곳곳에 아들의 눈길이 지나간 흔적이 남아 있었다.

가장 먼저 눈에 들어온 것은 창세기 1장 2절이었다.

"땅이 혼돈하고 공허하며 흑암이 깊음 위에 있고 하나님의 영은 수면 위에 운행하시니라."

하나님이 천지를 창조하셨다는 1절 말씀도 아니고, 2절 말씀에 밑줄이 그어져 있다니 의아했다. 나는 내심 걱정이 되어 아들에게 물었다.

"아들, 군 생활이 어렵니? 공허하고 흑암이 깊니?"

내 질문에 아들은 눈을 동그랗게 뜨고 아니라면서 고개를 절레절레 저으며 말했다.

"아니 아빠. 창세기 1장 2절은 아빠 인생 구절이잖아. 2절을 읽는데 아빠 생각이 나서 밑줄 쳤어요."

그 얘기를 듣고 보니, 내가 그간 살아온 인생을 가장 잘 알고, 내 설교를 가장 많이 들은 아들에게 창세기 1장 2절은 아빠를 연상시키는 구절이었다.

어두움과 두려움이 가득했던 시간

나의 주민등록 본적지는 '대구시 중구 향촌동 18번지'다. '향촌동'이란 동네는 대구 구시가지의 중심으로, 일제 강점기 때부터 번화했던 유흥 상업지역이었다. 어느 도시나 그렇듯 번화가의 뒷골목은 항상 어둡고 위험하다. 내가 태어나서 자란 곳은 그런 어두운 뒷골목의 반지하였다.

대구에는 양대 거대 조직폭력집단이 있었는데 그중 하나가 향촌동파이고, 나머지 하나는 동성로파였다. 내가 살던 동네 아저씨들은 서로의 이름을 부르기보다 '바위, 도끼, 스메끼리, 망치' 같은 듣기만 해도 위압감이 드는 별칭들로 서로를 불렀다. 향촌동은 경상도 사투리의 거센 억양에 욕설이 가득한 말들이 오고 가는, 그런 곳이었다. 1990년 10월, 정부에서 '범죄와 폭력에 대한 전쟁'을 선포하면서 내가 살던 동네 아저씨들의 상당수가 경찰에 잡혀가는 모습을 보기도 했다.

동네 골목은 여관과 술집, 나이트클럽이 즐비했고, 밤이 되면 번쩍이는 네온사인이 어두움을 밝혔다. 학교에서 집으로 오는 길은 논과 밭의 목가적인 시골 풍경 대신, 거리마다 여인들이 나와서 잠언의 음녀처럼 지나가는 사람들에게 호객하는 장면이 펼쳐졌으며, 나는 그 사이를 비집고 집으로 가야 했다.

중학교 2학년 때, 아침에 등교하는데 지난밤 인근에서 큰불이 났다는 소식을 들었다. 내가 살던 집 바로 뒤에 붙어 있던 디스코클럽에서 불이 난 것이다. 자정 넘은 시간에 불이 나서 곧 진화는 되었다지만, 아침 등굣길은 완전히 아수라장이었다. 수십 명의 십대 청소년들과 이십 대 청년들이 숨지고 다친 끔찍한 사고였다.

그런 혼돈으로 가득한 곳, 네온사인이 밤을 밝혔지만 빛이라곤 전혀 없는 어둠의 땅에서 나는 유년 시절을 보냈다.

어둠 속에 홀로 남겨지다

어머니는 그런 곳에서 나를 낳으셨다. 출산 후 몇 해 되지 않아 복통을 호소하시며 인근 종합병원에 갔다가 자궁암 판정을 받으셨다. 당시 암 진단은 사형선고와도 같았다. 마침 방사선 치료가 실험 단계를 거쳐 시술이 가능한 치료법으로 소개되면서, 어머니는 희망을 품고 방사선 치료를 받으셨다.

하지만 1970년대 초반의 방사선 치료 기술은 지금에 비하면 상당히 초보적인 단계였다. 암세포가 없어지기는 했으나 부작용도 많았다. 암세포 제거에 집중한 나머지 그 부작용으로 어머니의 왼쪽 골반과 하반신은 새까맣고 딱딱하게 굳어버렸고, 걸음조차 걸을 수 없는 고통의 나날을 보내게 되었다.

태어나서 초등학교 5학년까지 유년 시절 기억의 대부분은 어머니가 입원해 있던 병원과 향촌동이 전부였다. 병원비를 더는 낼 수 없는 지경에 이르자 어머니는 병원에서 강제 퇴원을 당하셨고, 그 후로 1년여 동안 모르핀 진통제와 영양제를 혈관에 주사하면서 하루하루 연명하셨다.

초등학교 6학년이던 9월, 가을 운동회 준비로 학교 운동장에서 응원 연습을 하느라 목청을 높이고 있는데 담임선생님이 나에게 얼른 집으로 가보라고 했다. 아침에 등교할 때 누나와 형이랑 나눈 대화가 떠올랐다.

"엄마가 사흘째 잠만 주무시는데 괜찮나? 무서운데…."

어머니는 그렇게 사흘 동안 잠만 주무시다가 숨을 거두었다. 당시 어른들의 표현으로는 모르핀 중독에 의한 쇼크가 사망의 원인이라고 했다. 워낙 오랜 시간을 병상에서 보냈기 때문에 주변 사람들도, 나도 어머니의 죽음이 슬픔으로 다가오지 않았다. 차라리 잘됐다는 말을 들으며 어머니의 장례를 이틀 만에 끝냈다.

어머니가 돌아가신 지 한 달이 조금 넘자 아버지는 향촌동의 가난한 반지하 생활을 더이상 못 견디고 중요한 결단을 내리셨다. 전라도로 가서 농사를 짓기로 작정하신 것이다. 전남 영산강 하구에 바닷물을 막아서 갯벌을 농지로 전용한다는 간척사업 소식을 들은 후였다.

형과 누이, 그리고 나를 대구의 외삼촌 집에 맡겨둔 채 아버지는 전라남도 무안으로 떠나셨다. 당시 무안은 고속도로도, 기차도 없어서 대구에서 17시간 동안 기차를 네 번 갈아타야 갈 수 있는 오지와 같은 곳이었다. 농사가 쉬운 일이 아니어서였는지 우리 삼 남매를 외면한 것이었는지는 모르겠지만, 아버지는 그 후로 20년간 나타나지 않으셨다.

그때부터 우리 삼 남매는 외삼촌 집과 친구 집 이곳저곳을 전전하며 살아야 했다. 맏이인 형은 당시 고등학교 3학년이었는데 다행스럽게도 학업 성적이 좋아서 한양대학교 공과대에 입학할 수 있었고, 그러면서 서울 어느 집에 입주 과외교사로 들어가 생계를 유지할 수 있었다. 누나는 3년을 외삼촌 집에서 함께 지내다가 스무 살이 되자 고등학교 졸업과 동시에 서울로 일자리를 찾아 떠났고 바로 결혼하게 되었다.

나는 홀로 남아 향촌동에서 중고등학교 시절을 보내야 했다. 나로서는 가족이 다 떠나고 남은 빈자리의 공허함과 향촌동을 지배하고 있는 어두움과 두려움으로 가득한 시간을 보낼 수밖에 없었다. 때로는 분노하고 때로는 불안해하며 보낸 나날이었다.

돌이켜 생각해보면 혼돈하고 공허하며 흑암이 깊음 위에 있던 그때가 하나님의 영이 운행하시던 때였다. 혼돈과 공허함에 빠져 향촌동의 밤길을 다니며 동네 아저씨들의 문화를 익혔더라면 지존파나 막가파가 되었을 그런 인생에 하나님이 찾아오셨다. 어둠뿐이던 나의 인생에 빛을 명하시어 술집 네온사인이 아닌 진리의 빛을 창조하신 것이다.

흑암에 빛이 비치다

내가 교회에 처음 나가게 된 것은 초등학교 4학년 여름이었다.

지금 생각해보면 그때 친구가 자전거 타고 골목길을 지나며 우리 집 앞에서 던진 한마디가 '빛'이었다.

"창수야, 교회 52번 가면 필통 준대이~."

집에 들어와서 교회 가자고 권면한 것도 아니고, 문을 두들기 며 내 손을 잡아 교회로 이끈 것도 아니었다. 자전거 타고 지나가 다가 그냥 던진 말이었다.

그 소리가 크게 내 귓전을 때렸고, '필통'이란 소리에 나는 밥 먹 다가 숟가락을 던지고 슬리퍼 끌며 친구의 자전거를 뒤따라 힘껏 달려갔다. 그때 출석한 교회가 지금의 대구 서성로교회다.

나는 그 길로 52번 교회에 출석했고, 52번 만에 필통을 받았다. 그리고 나서야 비로소 깨달았다. 52번 교회 가면 받을 수 있다던 필통이 52주 1년 개근상이었다는 것을.

하지만 그 52주 동안 하나님은 '내 인생'이라는 천지를 창조하 고 계셨다. 흑암이 깊었던 내 인생에 빛을 만드시고 하나님나라 를 만드시고 에덴동산을 만드셨다. 그 시간 동안 내가 느끼지도 못한 사이에 내 인생과 영혼을 만져주셨다.

특히 초등학교 5학년 때 주일학교를 담당하셨던 김미자 권사님 이 내 마음에 담아준 하나님의 말씀은 내 영혼에 빛이 되어 오늘 의 나를 만들었다.

하물며 너일까보냐!

어느 주일, 공과 공부를 하면서 권사님이 마태복음 6장을 펼쳐서 함께 읽자고 하셨다.

그러므로 내가 너희에게 이르노니 목숨을 위하여 무엇을 먹을까 무엇을 마실까 몸을 위하여 무엇을 입을까 염려하지 말라 목숨이 음식보다 중하지 아니하며 몸이 의복보다 중하지 아니하냐 공중의 새를 보라 심지도 않고 거두지도 않고 창고에 모아들이지도 아니하되 너희 하늘 아버지께서 기르시나니 너희는 이것들보다 귀하지 아니하냐

마 6:25,26

이 말씀을 읽고 어떤 설명을 덧붙이셨는지는 기억도 나지 않는다. 하지만 선명하고 굵직한 경상도 사투리와 함께 콕 찌르듯 손가락으로 나를 가리키면서 하셨던 권사님의 말씀은 아직도 귀에 생생하다.

"너희 하늘 아버지께서 기르시나니 창수 너는 이것들보다 귀하지 아니하냐?"

아직 장난기 많고 집중도 잘하지 못하던 5학년 어린 나이였지만, 그 순간 온몸에 전율이 흐르고 소름이 돋았다. 찔끔, 눈물이 나올 뻔했다.

솔직히 당시 내 형편은 스스로 귀하다고 여길 만한 게 하나도

없었다. 고작 필통 하나 받으려고 교회를 다니던 나에게 '무엇을 먹을까, 무엇을 마실까, 무엇을 입을까'는 정말 중요한 일이었다. 그런데 성경 말씀을 통해 하나님이 내 귀에 '나'라는 존재가 얼마나 귀한지, 공중의 새보다도, 무엇을 먹을까 입을까 하는 그 어떤 염려도 무색할 만큼 나라는 존재가 귀하다고 말씀하신 것이다.

그 말씀을 듣는 순간 내 안에 나도 알지 못하는 뭔가가 요동치는 느낌이 들었다. 나면서부터 가정적으로나 환경적으로 귀히 여김을 받아본 적 없는 나였기에 귀를 의심하는 순간이기도 했다. 김미자 권사님의 입에서 선포되는 말씀은 멈추지 않고 계속되었다.

오늘 있다가 내일 아궁이에 던져지는 들풀도 하나님이 이렇게 입히시거든 하물며 너희일까보냐 믿음이 작은 자들아

마 6:30

권사님은 또다시 손가락으로 나를 지목하면서 이렇게 말씀하셨다.

"하물며 창수 너일까보냐!"

그 말씀을 듣는데 울컥한 마음이 드는 한편, 전에 받아보지 못한 위로를 느낄 수 있었다. 권사님에게서 어머니 같은 사랑을 느낄 수 있었고 고마움과 친밀함이 동시에 느껴졌다.

곧이어 권사님은 "그러니 창수야, 너는 이 말씀을 마음에 새겨라"라고 하시며, 그날의 결정적인 말씀을 내 마음에 심어주셨다.

그런즉 너희는 먼저 그의 나라와 그의 의를 구하라 그리하면 이 모든 것을 너희에게 더하시리라

마 6:33

사실 권사님과 함께한 공과 공부는 마태복음 6장 25절부터 33절까지 함께 읽은 것, 그리고 중간에 내 이름을 불러주며 내가 누군지 말씀해주신 것이 전부였다.

그러나 그 말씀은 태초에 하나님의 영이 수면 위에 운행하시듯 혼돈하고 공허하고 흑암이 깊음 위에 있던 나의 내면에서 운행하며 나를 창조하고 조성하고 계셨다.

마음의 공허를 채워준 사람

초등학교 5학년짜리 아이가 하나님나라가 무엇인지, 그의 의가 무엇인지 뭘 알았겠는가? 그저 "이 모든 것을 너희에게 더하시리라"라는 말씀이 그냥 좋았다. 하나님이 어떤 분이시기에 나를 귀하다고 하시고 "하물며 너일까보냐"라고 말씀하시고, 나 같은 사람에게 이 모든 것을 주신다는 말인가? 교회에 52번 나가면 필통

을 준다고 해서 다니긴 했는데 '이 교회는 왜 나에게 이런 친절을 베푸는 것일까? 이런 환대는 어디서부터 나왔나?'라는 생각들이 교차하면서 교회는 세상에서 내가 만난 가장 친밀하고 호감 가는 공동체로 다가오게 되었다.

따뜻한 말 한마디만으로도 교회는 나에게 이미 모든 것을 준 것과 같았다. 가난 속에서 생존을 위해 살다 보니 가족들 사이에서조차 돌봄과 배려를 기대할 수 없던 거친 향촌동 분위기와는 너무나도 다른 세상을 경험한 것이다. 늘상 타인의 몸과 주머니를 노리며 살아가는 향촌동 분위기와 달리 교회는 그 자체로 하나님나라였으며 하나님의 의가 가득한 곳이었다.

각자도생해서라도 살아남아야 한다는 걸 진작에 배운 나에게 교회에서 경험한 이유 없는 친절과 조건 없는 사랑은 너무나 큰 위로로 다가왔다. 이미 모든 것을 다 받은 듯 내 마음의 공허가 채워졌으며, 흑암뿐이던 인생에 빛이 비치고 있었다.

예수님의 그림자를 만났다

그때부터 교회에 가는 것은 내게 가장 큰 행복이었다. 교회에서 배우는 성경 말씀을 다 이해하지는 못해도 그 말씀을 듣고 있는 것만으로도 믿음이 자라는 것 같았고, 마음에 위안을 받았다. 권사님들의 기도 소리를 들으며 나도 그렇게 오래, 유창하게 기도하고 싶었다. 장로님들이 교회를 사랑하는 모습을 보면서 헌신하는 삶이 어떤 것인지 알았고 나도 본받고 싶었다. 전도사님과 목사님들의 겸손과 희생적인 삶을 보면서, 나는 아직 예수님은 못 만났지만 예수님과 꼭 닮은 예수님의 그림자를 만난 듯했다. 닮고 싶었고 배우고 싶었다.

보이지 않는 예수님을 만나도록 돕는 가장 빠른 방법은 예수님을 닮은 사람을 만나는 것이다. 나는 어린 시절 교회 생활을 통해 예수님을 닮은 어른들을 아주 많이 만났다. 이름을 다 열거할 수 없을 정도로 많은 분이 예수님의 모범을 따라 사셨다.

권사님들은 늦은 밤이 되면 교회에서 밤을 지새우며 기도하셨고, 이른 새벽에는 장로님들이 나오셔서 함께 기도하다가 권사님들의 손을 잡고 집으로 돌아가는 모습이 지금까지 내 머리에 각인되어 있다.

교회에는 뒷방이 있었다. 1층 구석진 곳의 조그마한 방이었다. 권사님들이 기도하다가 밤이 늦으면 거기서 주무시기도 하고, 잠시 들어와 쉬면서 두런두런 이야기도 나누던 곳이었다. 그 뒷방에서 권사님들은 성도들의 기도 제목을 나누면서 미주알고주알 성도들의 근황을 주거니 받거니 하셨다. 어느 정도 정보가 흐르고 나면 누가 먼저랄 것도 없이 한 분 두 분 본당 마루로 향한다. 거기서 기도하고 눈물을 흘리셨다. 한국교회는 이런 뒷방기도의 힘을 입어 오늘의 교회가 되었을 것이다. 나도 그 혜택을 누구보다 톡톡히 입었다고 감히 고백할 수 있다.

　권사님들의 기도는 기도로 끝나는 법이 없다. 기도는 관심을 낳고 관심은 행동을 유발한다. 밥은 먹고 다니는지 학교는 잘 다니고 있는지 궁금해하던 권사님들은 직접 집에 찾아와보기도 하고 이것저것 챙겨주면서 교회 생활의 힘을 더해주셨다. 그 관심과 돌봄 덕분에 어머니의 장례도 치를 수 있었다.

　앞에서 얘기한 것처럼, 어머니는 자궁암 판정을 받으시고 방사선 치료의 부작용으로 오래 앓으시다가 내가 6학년이던 1981년 9월 4일에 돌아가셨다. 그날은 금요일이었고, 우리 삼 남매는 다 학교에 있었다. 권사님들은 여느 때처럼 교회에서 권찰회를 마치고 일상을 따라 구역 식구들을 심방하던 중에, 교회학교에 다니는 한 아이의 어머니를 살펴주기 위해 우리 집에 들르셨다. 그 덕분에 어머니의 마지막을 제일 먼저 발견해주시고 병원에 연락해주셔서 장례를 치를 수 있었다.

　작은 아이 하나에게 관심을 보이고, 그 가정에 베푼 사랑은 내게 예수님의 삶을 직접 보여준 모범이었다. 그런 사랑의 모범이 어린 나로 '하나님은 사랑이심'을 분명히 알게 해주었다.

먼저 그의 나라와
그의 의를 구하라

그런즉 너희는 먼저 그의 나라와 그의 의를 구하라
그리하면 이 모든 것을 너희에게 더하시리라

마 6:33

"너희는 먼저 그의 나라와 그의 의를 구하라"라는 말씀은 초등학교 5학년 때 마음에 깊이 새겨진 말씀이었지만, 그의 나라가 무엇인지 그의 의가 무엇인지 알았을 리가 만무하다. 다만, 교회가 좋았고 교회에 가면 사랑받고 돌봄 받는다는 따뜻함 때문에 교회 언저리를 떠날 수가 없었다. 특히 어머니의 장례를 교회에서 전적으로 치러주면서 교회에 빚진 마음도 컸고 고마움도 컸다.

그러나 어머니가 돌아가신 후 아버지마저 집을 떠난 상황에서 교회를 계속 다니는 것이 쉽지만은 않았다. 얼마 안 있어 형과 누나도 서울로 떠나버렸고, 나만 남아서 향촌동에 함께 계시던 외삼촌 집에서 지내야 했다.

외삼촌은 내가 즐겁게 교회 다니는 것을 싫어했다. 부모도 없는 내가 교회에서 천진난만하게 신앙생활이나 할 때가 아니라는 것이었다. 지금은 공부를 열심히 해서 '부모 없이 자란 아이'라는 소리를 듣지 않도록 살아남을 궁리를 해야 한다는 것이었다. 향촌동의 정서가 그랬다. 생존하기 위해 오로지 돈을 벌어야 한다는 정서로 가득했다. 그런 곳에서 교회를 다닌다는 것은 그저 낭만일 뿐이었다.

사춘기 시절을 보내고 있던 나는 교회 다니는 것을 심하게 반대하시던 외삼촌에게 크게 반항하고 저항했다.

진짜 혼자가 되다

부모도, 형제도 없는 사춘기 남자아이의 반항이 곱게 보일 리 없었다. 외삼촌의 눈에 중학생 한창수는 교회에서 노닥거리며 허송세월하는 철딱서니 없는 애였을 뿐이다. 그도 그럴 것이 이제 중학생인 남자아이가 교회에 열심히 나간다고 해 봤자 얼마나 신앙심이 깊고 인격적으로 하나님을 만나 순전한 그리스도인의 삶을 산다고 할 수 있겠는가? 당시의 나는 그저 교회가 좋고, 교회 사람들이 좋고, 교회에서 경험하는 모든 것이 좋았을 뿐이다.

교회는 원래 그런 곳이다. 교회는 신앙적으로 깊은 성도들만 모여서 예배하는 곳이 아니라 각양각색의 성도를 신앙으로 인도하여 조금씩 조금씩 믿음의 성장을 이루도록 인도하는 공동체 아니던가?

그런 교회를 외삼촌은 이해할 수 없었다. 주일 예배 한 시간 말고는 교회에 발도 못 붙이게 했고, "부모 없는 네가 지금은 공부를 해야지 한가하게 교회 다니며 노닥거리는 것은 합당하지 않다"라고 적잖이 압력을 주었다. 날이면 날마다 "교회가 밥 먹여주냐? 왜 자꾸 교회에서 얼쩡거리고 있느냐?"라며 야단을 치고 공부 타령만 하셨다.

사춘기의 반항심이 교회 가고 싶다는 에너지로 폭발하게 되었고, 결국 고등학교 1학년 말에 향촌동 외삼촌의 집을 뛰쳐 나와 독립하게 되었다. 11월 어느 늦은 밤에 고등학생이던 조카가 짐을 싸서 큰절하고 이제 독립하여 나가겠다고 하는데, 외삼촌도 외숙모도 더 붙잡지 않으셨다. 어디로 가는지, 어떻게 살 건지 계획도 묻지 않으셨다. 어쩌면 '그렇게 교회에서만 맴돌더니 교회에서 모든 것을 다 해결해주겠지'라고 믿으셨는지도 모르겠다.

그 엉터리 같은 외삼촌의 믿음이 더 컸던 것일까? 아이러니하게도 "교회가 밥 먹여주냐?"던 외삼촌의 말대로 하나님께서는 내가 향촌동을 벗어난 순간부터 내 모든 것을 책임져주시듯이 앞길을 예비해주셨다.

옷가지 몇 벌과 책가방을 둘러매고 두 시간여를 걸어 내가 향한 곳은 교회 친구의 집이었다. 친구 집에 자정 넘어 도착해 잠 좀

재워달라고 했던 그날을 잊을 수가 없다. 대구 시내에서 서구 이현동까지 걸어갔던 그 밤길, 나는 야곱이 이삭을 떠나 라반의 집으로 가던 광야를 떠올리며 울기도 하고, 결연한 의지의 각오를 다지기도 하며 걷고 또 걸었다.

독립이라곤 했지만, 경제 능력도 없고 학교도 다녀야 하는 처지에서 독립은 오히려 절망에 가까웠다. 이현동 친구 집에 간신히 도착했을 때 친구 어머니는 "아들 친구면 내 아들이나 진배없지"라며 나를 맞아주셨고, 그렇게 친구 집에 더불어 살기 시작한 것이 독립의 시작이었다.

독립생활

독립하고 나니 교회 다니는 데 더 이상 외삼촌의 반대나 박해는 없었지만, 이제 내게 학업보다 더 시급한 것은 숙식의 해결이었다. 비록 친구 집에 잠시 머무를 수는 있었지만, 눈치를 봐야 했고 스스로 살길을 찾아야 했기 때문이다. 창세기 12장의 아브라함처럼, 고향과 친척과 아버지의 집을 떠나갔지만 마땅히 갈 길을 모르는 신세였다.

신앙적으로는 독립했을지 몰라도 먹고사는 문제라는 당장 당면한 과제를 해결하기 위해 더는 학교에 다닐 수 없었다. 당시 내가 다니던 학교는 미션스쿨이었는데, 담임선생님이 신실한 크리스천이었다. 나는 선생님이라면 내 사정을 이해해주실 거라 믿고 지금은 형편이 어려워 학교를 다닐 수 없으니 자퇴하고 나중에 검정고시를 치르겠다고 말씀드렸다. 자퇴를 요청한 나에게 담임선생님의 반응은 의외였다.

"창수야, 우리 학교가 기독교 학교인데 네가 학교생활에 문제가 있어서 자퇴하는 게 아니고 생계 때문이라면 우리 같이 고민해보자."

그러면서 교무회의에서 나의 사정을 알리고 방법을 고민해주셨고, 마침 학교 구내매점에 쉬는 시간마다 학생들에게 빵과 과자를 판매하는 일자리가 생겼다며 학교에 다니면서 일할 수 있는 기회를 주셨다. 매 수업이 끝나자마자 빠른 걸음으로 구내매점에 달려가 학생들이 이것저것 집어오면 계산하고 물건을 내주는 일, 일명 '빵돌이'가 고등학교 시절 내 별명이 되었다. 월 2만 원의 급여를 받으면 한 달 교통비 1만 8천 원을 제하고 남은 2천 원으로 생활해야 했다.

그럼에도 불구하고 학교생활은 나에게 큰 위로와 즐거움이 되었고, 삶의 자신감을 불어넣어 주기에 충분했다. 담임선생님은 포기해야 할 것 같은 학창 생활에 용기를 주셨고, 나는 자신감을 갖고 학교를 계속 다닐 수 있게 되었으니 나에게는 학교가 하나님이 주신 또 하나의 선물과도 같았다.

훗날 담임선생님은 장로님이 되셨고, 내가 목사가 된 후에는 그때의 위기를 잘 극복하여 목회자가 된 것이 감사하다며 매년 연말이면 가족 식사권을 보내주시면서 여전히 격려해주신다.

하나님의 나라와 그의 의를 구하는 삶

이런 위기의 순간을 극복할 때마다 마음에서 떠나지 않은 말씀이 바로 초등학교 5학년 때 들었던 마태복음 6장 33절 말씀이었다. 그 말씀이 언제나 떠나지 않고 확인하듯이 떠올랐다.

"그런즉 너희는 먼저 그의 나라와 그의 의를 구하라 그리하면 이 모든 것을 너희에게 더하시리라."

하나님께서는 내 선택이 하나님의 나라와 의에 가깝다고 판단되는 모든 순간마다 합력하여 선을 이루어주셨다. 하루하루가 막막했지만, 뭔가를 해야만 하던 시절에 위기라고 느껴질 때마다 하나님께서 선한 길로 이끌어주심을 경험하게 되었다.

외삼촌의 집에 머물면서 교회에 다니지 않고 공부에만 집중했더라면 고등학교를 편안하게 졸업할 수는 있었을 것이다. 그러나 그런 삶은 내 노력과 능력이 만들어낸 삶의 결과일 뿐 하나님이 개입하실 자리가 하나도 없었을 것이다. "교회 다니고 하나님을 붙들려거든 우리 집에서 나가라"고 홧김에 던진 외삼촌의 말이 하나도 두렵지 않았다. 오히려 감사가 되었다. 드디어 하나님을 붙들 기회가 온 것이었다. 외삼촌 집에서 나온 이후 내 삶은 하나님의 선한 인도하심이라는 놀라운 경로를 찾아가게 되었다.

후회하지 않았다. 마음의 확신은 더욱 강해졌다.

"이 모든 것을 너희에게 더하시리라."

모든 순간 위기가 없진 않았지만, 모든 위기는 하나님께서 모든 것을 더하시는 기회였다고밖에 말할 수 없었다.

고등학교 3학년이 되어서야 하나님의 나라와 의에 대해 본격적인 고민을 하기 시작했다. 다들 대학에 가기 위해 학업에 열중할 때 나는 대학 진학은 꿈도 꿀 수 없었다. 하지만 하나님의 나라를 구한다는 것이 무엇인지에 대한 진지한 고민을 하게 되었다.

예루살렘에서 시작된 성령충만한 제자들의 공동체가 온 유럽을 휩쓸고 아메리카 대륙을 지나 대한민국에 이르는 세계지도를 보면서 다음은 중국을 지나 서쪽으로 진행하는 방향이 하나님나라의 진행 방향이라고 생각했다. 그리고 다니엘서 12장 3절 말씀을 보게 되었다.

"지혜 있는 자는 궁창의 빛과 같이 빛날 것이요 많은 사람을 옳은 데로 돌아오게 한 자는 별과 같이 영원토록 빛나리라."

그 말씀을 읽으며 고등학교 3학년 때 지도를 펼쳐놓고 사람이 많은 나라가 어디일지 생각해보았다. 그러다 거기가 중국이라고 생각하며 중어중문학과를 진학하여 선교사가 되어야겠다는 비전을 갖게 되었다.

하나님나라에서 시작된 작은 고민은 고등학교 3학년인 나의 가슴에 중국선교라는 목표를 심어주면서 더 불타오르게 되었다. 하지만 대학 진학을 꿈꿀 수 없는 상황에서 나는 중국어를 공부하고 신학을 공부해서 선교사가 되기까지 많은 관문을 거쳐야 했다.

학교에서는 나의 목표가 대학 진학이 아니라 고등학교 졸업이라는 것을 모든 선생님이 인지하고 있었다. '창수는 졸업만 하면 된다'라는 것이 모든 선생님의 생각이었다. 무사히 고등학교를 졸업하고 사회에 진출하도록 돕는 것이 나를 향한 선생님의 진로지도였다.

고등학교에 다닐 형편도 안 되는데 어떻게 대학을 꿈꿀 수 있었겠는가? 그래도 고등학교 중퇴보다는 졸업하는 것이 더 사회 진출에 유리하니까 졸업은 시켜서 내보내자는 것이 학교의 결정이었다. 그런 학교의 배려로 3학년을 마칠 때까지 무료로 수업을 받을 수는 있었지만, 보충수업이나 추가 학습에 대한 지원은 받을 수가 없었다.

평일 오후 3시 30분에 정규 수업이 끝나면 바로 돈을 벌기 위해 시장으로 나가서 이것저것 장사라도 해보라는 것이 선생님들의 권유였다. 그래서 나는 수업 후에 어묵 장사를 해보려고 인근 시장에서 어묵 장사하는 법을 배우고 어묵 공장을 드나들고 있었다.

그러던 중 서성로교회 담임목사님이 새벽기도를 마치고 나오는 길에 "너는 새벽기도에 자주 나오니 새벽에 신문을 돌려보는 것이 어떻겠니?"라고 권유해주셨다. 어묵 장사보다는 새벽기도 후에 신문을 돌리면 월급도 나오고 운동도 되고 학교에서 공부도 할 수 있지 않겠냐는 것이었다.

그래서 그때부터 공부와 일을 동시에 할 수 있는 새벽 신문 배달을 하게 되었다. 매일 새벽 4시부터 7시까지 신문을 배달하면서 고3 시절을 보냈다. 이른 새벽 신문 배달은 당연히 학교 수업에 지장을 줄 수밖에 없었다. 등교하면 엎드려 잠을 청할 수밖에 없는 고단한 학교생활이었지만, 하나님나라에 대한 꿈이 깊은 잠을 깨웠고 다시 책상에서 공부에 집중할 이유가 되었다.

고등학교 시절, 성적이 가장 많이 올랐던 때가 3학년 때였다. 그렇게 하나님나라를 구하기 위해 한 걸음씩 내딛는 동안 나는 경북대학교 중어중문학과에 합격했다. 국립대학교 합격은 주변 사람들을 놀라게 했다. 공부할 여건이 되지 않았고, 공부를 제대로 할 수도 없었는데 대학 합격증을 받은 나를 학교에서는 기특하게 여겨주었고, 교회에서도 대견하게 봐주었다.

내 마음속에서는 먼저 그의 나라와 그의 의를 구하면 이 모든 것을 더하시는 하나님의 일하심이 더 선명하게 보였다. 교회의 권사님들은 뒷방에서 쌈짓돈을 모아 대학등록금을 장학금으로 주셨다. 그렇게 중국선교의 꿈을 꾸며 대학 생활을 마치고 총신대 신학대학원에 입학하기까지 하나님의 선하신 인도하심은 말로 다 표현할 수가 없다.

보시기에 좋았더라

하나님은 빛을 만드시고 그 빛을 보시며 "좋았더라"라고 하셨다.

빛이 하나님이 보시기에 좋았더라 하나님이 빛과 어둠을 나누사

창 1:4

엿새 동안의 창조가 완성된 후, 그 모습이 얼마나 좋았을까? 하지만 아직 세상이 완성되기 전, 첫날 만드신 그 빛을 보시고도 하나님은 좋다고 하셨다. 하나님께서 만드신 세상은 완성을 향하여 점진적으로 만들어가는 과정이 아니라 처음부터, 첫날부터 완전했으며 부족함이 없었다. 왜냐하면 하나님께서는 그 작은 빛만으로도 충분히 좋으셨기 때문이다.

창세기를 읽으면서 우리는 "좋았더라"라고 매일같이 선언하시는 하나님의 '좋았더라'(토브, Good)를 현장감 있게 묵상해볼 필요가 있다. 건축물이든 만들고자 하는 어떤 제품이든 완성에 가까울 때 '좋다'고 말할 수 있다. 첫 단계에서는 무엇이든지 만족하기가 쉽지 않다. 그러나 하나님께서는 창조의 첫 순간부터 어둠에 비친 '빛' 하나만으로도 충분히 좋으셨다.

나는 이 말씀이 좋다. 태초에 하나님께서 세상에 던진 한마디가, 아직 미완성의 세상에 하나님께서 던지신 말씀이 '좋다'라는 것이다. 세상의 가장 미천하고 어지러운 곳도 하나님만 계시면

그곳은 좋은 곳이다. 하나님이 보시기에 좋고 하나님이 일하시기에 좋다.

아무것도 없는 'O', 즉 'nothing'의 상태에서도 'GOD', 곧 하나님만 계시면 'GOOD'의 상태가 된다.

O(nothing) + GOD = GOOD(보시기에 좋았더라)

거꾸로, 아무리 좋은 것도(GOOD) 거기서 하나님(GOD)이 빠지면 그것은 아무것도 아닌 'O'의 상태가 되고 만다.

하나님은 내 인생에 단 한 절의 말씀을 심어주시던 그 순간부터 항상 나에게 좋은 분이셨고, 나를 좋게 여기셨고, 나를 사랑하셨다는 것을 늘 고백할 수밖에 없다. 나는 완전하지도 완벽하지도 않지만, 하나님의 창조는 어두움에 비친 빛 하나만으로도 충분히 좋았다. 하나님께서 나를 보고 좋다고 하신다. 나의 인생에 찾아온 말씀은 조그마한 빛처럼 어둠을 비추었지만, 처음 순간부터 하나님께서 나를 사랑하시고 좋아하셨던 그 사랑으로 충만하게 해주셨다.

O인 내 인생을 GOOD으로 바꿔주신 하나님

고등학교 2학년 말에 그동안 함께 지내게 해주었던 친구가 입시를 위해 공부에 집중해야 한다며, 더 이상 내가 그의 집에서 함께 머물기를 원치 않았다. 외삼촌의 집을 나와서 1년 만에 또 거처를 고민해야 했다.

어둡고 절망적일 줄 알았던 내 마음에 이상하게도 평강이 찾아왔고, 나를 받아주지 않는 친구가 원망스럽지 않고 이해가 되었다. 그날 밤 나는 책가방과 침낭을 들고 학교 교실로 갔다. 나무로 된 작은 의자 여섯 개를 서로 마주 보게 붙여서 침낭을 깔고 거기서 밤을 보냈다. 당시 내가 다니던 학교는 고등학교 3학년들을 위해 교실을 24시간 개방해두었기 때문에 나에게는 공부와 잠을 동시에 해결할 수 있는 은혜의 자리였다.

거의 새벽 3시까지 친구들이 교실에서 공부하다 집으로 갔다. 그러면 나는 빈 교실에서 침낭을 펴고 들어가 잠을 잤다. 난방이 안 되어 침낭 안이 따뜻하지는 않았지만, 추위를 견딜 만은 했다. 이른 아침 가장 먼저 교실에 등교하는 친구가 깨워주면 추위에 굳은 몸을 이끌고 학교 후문 문구점으로 내려가서 어묵 국물을 마시며 몸을 녹였다.

하나님을 만났다고 인생이 하루아침에 완전해지는 것은 아니었다. 그럼에도 불구하고 작은 침낭, 텅 빈 교실, 공짜로 먹을 수 있는 어묵 국물조차도 좋을 수 있었던 것은 세상의 첫날 하나님께서 빛 하나만으로 만족하신 것과 같은 은혜였다.

세상을 만든 첫날, 세상에는 땅도 물도 하늘도 짐승도 없었고 오직 작은 빛만 있었다. 그런데 하나님은 그 빛을 보시기에 좋다고 하셨다. 어쩌면 내 인생에서 하나님을 만나 신앙으로 사는 것은 아직 완성되지 않은 작은 빛일 뿐이지만 내 안에 하나님의 '좋았더라'가 젖어들고 있었다.

고등학교 3년 동안 구내매점에서 빵 팔고, 대학 입시 시험을 치르는 당일까지 새벽에 신문을 돌리며 살아온 날들이 하나도 고생스럽게 느껴지지 않았다. 아버지와 형, 누나가 원망스럽지도 않았다. 하나님이 아버지가 되셨고, 삶을 비추는 빛이 언제나 함께했기 때문에 날마다 신나는 하루하루를 살 수 있었다. 천사를 보내어 엘리야를 먹이셨듯이 하나님께서는 학교 곳곳에 천사를 두셔서 내 삶을 채워주셨다.

급식이 없던 시절이라 하루에 도시락을 두 개씩 싸서 저녁까지 공부해야 했던 당시 고등학교 생활은 도시락을 못 싸면 밥을 사먹을 돈이라도 있어야 했다. 꼼짝없이 굶을 수밖에 없던 내게 고등학교 1학년 때부터 기독동아리를 함께하던 친구들이 3년 동안 돌아가며 도시락을 싸와서 함께 끼니를 해결해주었다. 때로는 젓가락만 들고 이 책상 저 책상 돌아다니면서 한 젓가락씩 얻어먹으며 끼니를 때우는 순간조차도 재미나고 즐거운 시간이었다.

고3 시절, 새벽에 신문을 돌리고 진땀을 흘리며 학교에 가면 같은 반 친구들이 신문 남은 것 있냐며 신문을 100원에 사주었다. 수업 시작 전 교실은 자율학습 시간이 아니라 자율 신문 낭독 시간이었다. 그 모든 순간들이 하나님께서 내 인생에 보내주신 천사의 손길이 닿는 순간이었다.

내 인생은 O(nothing)였지만 내게 말씀으로 오신 하나님은 Everything(전부)이셨으며, 하나님께서 항상 나를 보시고 좋아하셨던(GOOD) 믿음의 기억이 아직도 생생하다.

3

주 예수를 믿으라,
그리하면

이르되 주 예수를 믿으라
그리하면 너와 네 집이 구원을 받으리라 하고
행 16:31

중학교 2학년 때 교회에서 하는 여름 수련회에 참석했다. 교회
가 마냥 좋아서 열심히 다니긴 했지만, 남들과 다른 가정형편 때
문에 불편한 적도 있었고 부끄럽기도 했다. '우리 아버지는 왜 이
렇게 무책임하실까? 형과 누나는 왜 나에게 관심이 없을까?' 하는
분노와 섭섭함이 차오르던 즈음이었다.

노회에서 주관하는 연합 수련회였는데, 교회 형, 누나들과 함
께 대구 보건대학교 강당에 앉아 있을 때, 덥고 짜증 나는 중에도
하나님은 강사 목사님을 통해 말씀으로 내게 다가오셨다.

그때 강사 목사님의 설교 내용이 무엇이었는지, 지금은 기억나
지 않는다. 다만 가족들을 위해 기도하라며 던져주신 사도행전

16장 31절 말씀이 내 마음에 굵직하게 새겨졌다.

"주 예수를 믿으라 그리하면 너와 네 집이 구원을 받으리라."

강사 목사님을 통해 이 말씀이 선포되는 순간 이상하게도 내 마음속에는 가족을 원망하고 섭섭해하기보다 '내가 예수님을 잘 믿어야 가족이 예수님을 믿겠구나. 어떻게 예수님을 더 잘 믿을 수 있을까? 하는 생각이 들었다. 형도 누나도 아버지도 원망스러웠지만, 그 순간 원망이 사라지면서 나 자신을 향한 신앙생활로 집중할 수 있게 되었다.

예수님을 잘 믿기 위해 시작한 새벽기도

여름 수련회가 끝나고 나서 제일 먼저 새벽기도에 나가기 시작했다. 교회에서 신앙생활에 가장 열심인 분들을 보니 다 새벽기도, 금요 철야기도를 하고 계셨다. 그래서 내가 예수님을 잘 믿으려면 저분들을 따라 하면 되겠다고 생각했다. 그때부터 시작된 새벽기도는 내 삶의 습관이 되어 지금까지 이어지고 있다.

중학생 남자아이가 매일매일 새벽기도에 나오니, 하나님께서도 기뻐하셨겠지만 누구보다 교회의 권사님과 장로님들이 참 기특해하셨다. 그렇게 시작된 새벽기도 덕분에 나의 일상은 교회와 더욱 밀착되었다. 향촌동에 살지만 이른 새벽부터 늦은 밤까지 교회에서 보내는 시간 덕분에 거칠고 어두운 동네 분위기에서 쉽게 벗어날 수 있었다.

요즘엔 많은 이들이 새벽기도라는 말만 들어도 부담스러워한
다. 심지어 목회자들조차도 새벽 시간을 부담스러워하고, 새벽기
도의 필요성을 논의하곤 하는데, 어린 시절 내가 경험한 새벽기
도는 눈을 떠서 가장 먼저 하나님 만나기를 원하는 첫 시간으로
다가왔다. 입을 열어 가장 먼저 하나님께 찬양하고 눈을 떠서 가
장 먼저 하나님의 말씀에 시선을 집중하고 교회로 발걸음을 향하
는 삶의 습관은, 나를 향한 하나님의 사랑에 대한 작은 반응일 뿐
이었다.

온 가족이 구원에 이르는 약속의 말씀

중학교 2학년 때 마음에 새겨진 한 구절의 말씀을 믿음으로 받
고 실천한 지 20년 만에 "너와 네 집이 구원을 받으리라"(행 16:31)
라는 사도행전의 말씀이 눈앞에 현실로 펼쳐졌다.

전라남도 무안으로 떠나고 소식이 끊어진 지 거의 20년 만에
연락이 닿은 아버지가 대구로 돌아오게 되었다. 크게 성공해서
돌아오리라고 기대하지는 않았지만, 아버지와의 재회는 또 한 번
의 좌절을 안겨주었다.

눈앞에 나타난 아버지는 대장암 말기로 함께 살 수 있는 시간
이 얼마 남지 않은 폐인의 모습이었다. 한두 달가량 병원에 오가

면서 진료받던 아버지는 양말을 신다가 미끄러져 넘어지는 바람에 척추 골절로 입원하셨고, 그길로 다시 집으로 돌아오지 못하셨다.

아버지는 병원에 누워서 말기 암 환자로 마지막 임종의 순간을 맞이하게 되었다. 소식을 듣고 달려온 형과 누나가 곁에 있었는데도 불구하고 나는 다급하게 아버지에게 크게 말했다.

"아버지, 이대로 돌아가시면 우리는 서로 다시 만날 수 없습니다. 그러나 지금이라도 예수님을 영접하면 천국에서 다시 만날 수 있습니다!"

그러면서 예수님을 믿겠느냐고 물었다. 뜻밖에도 아버지는 예수님을 영접하겠노라 고개를 끄덕였고, 가족이 다 있는 병상의 자리에서 나는 복음을 전하고 영접 기도를 따라하도록 했다.

"주 예수님 나는 주님을 믿고 싶습니다."

"주 예수님 나는 주님을 믿고 싶습니다."

"나를 위하여 십자가에서 죽으시고 내 죄를 용서하시니 감사합니다."

"나를 위하여 십자가에서 죽으시고 내 죄를 용서하시니 감사합니다."

"지금 나는 내 마음의 문을 열고 예수님을 나의 구주 나의 하나님으로 영접합니다."

"지금 나는 내 마음의 문을 열고 예수님을 나의 구주 나의 하나님으로 영접합니다."

"예수님의 이름으로 기도드립니다."

"예수님의 이름으로 기도드립니다."

의사와 가족이 참관한 침상에서 아버지는 "아멘"과 함께 임종하셨다. 그 짧은 순간을 위해 나는 사도행전 말씀을 붙들고 20년간 믿음으로 기도해왔다. 단 한 번의 의심도 없었다. 가족의 구원은 나의 믿음 생활에 달린 것이다. 내가 얼마나 신실하냐, 얼마나 예수를 잘 믿느냐에만 집중한 시간이었다.

가족 구원을 목적으로 신앙생활을 한 것은 아니었지만, 결국은 하나님께서 나의 기도를 들어주셨고 아버지의 영접 기도와 더불어 장례를 치르는 사흘 동안 남은 가족들에게도 놀라운 일이 일어났다. 아버지의 장례를 치르는 동안 형과 누나는 그동안 잃었던 신앙이 회복되기 시작했다. 온 가족이 믿음으로 하나가 된 것이다. 그 후로 형님은 서울에서 안수집사가 되어 지금까지 충성되게 교회를 섬기고 있으며, 누님은 내가 섬기는 교회의 권사로 잘 섬기고 있다.

"주 예수를 믿으라 그리하면 너와 네 집이 구원을 받으리라" 하신 하나님의 말씀이 내게 젖어든 그날을 나는 잊을 수가 없다. 가족을 볼 때마다 내 속에선 이런 외침이 들린다.

'봐라. 하나님의 말씀은 하나도 땅에 떨어지지 않는다.'

중학교 2학년 때 붙든 하나님의 말씀은 20년이라는 긴 시간 동안 나의 믿음을 굳건하게 할 뿐 아니라, 온 가족을 마침내 구원에 이르게 하는 약속의 말씀이 되었다.

하나님은 말씀으로 역사하신다

하나님은 말씀으로 천지를 창조하셨다. 그뿐만 아니라 말씀으로 세상을 이끄시고 다스리시는 분이다. 개인의 인생에도 동일하게 하나님의 말씀이 역사하신다. 창조의 능력으로 흑암을 물리치시고 빛을 비춰주신다. 가정을 이끄시고 구원의 길로 인도하시고 다스리시는 하나님은 오늘도 말씀으로 역사하고 계신다.

가족을 전도하려고 애를 쓴 것이 아니라 내가 예수님을 잘 믿으려고 힘을 다했다. 내가 신실한 그리스도인이 되는 것이 가족을 구원하는 일이라 믿었다.

가족 구원을 기도하는 사람이라면 반드시 기억해야 할 것은, 자신의 신앙에 대한 굳건한 믿음의 점검이 필요하다는 것이다. 물에 빠진 사람을 구하려는 사람이 구명조끼도 없고, 구명정도 없이, 수영도 못하는데 물로 뛰어든다면 아무도 건져내지 못할 뿐 아니라 자신의 목숨도 위험해진다.

하나님은 20년 동안 나를 연단시키셨고, 가족들을 모두 포용할 만한 믿음의 자리로 나를 이끄셨다. 내가 목사가 되고 준비되었을 즈음에 하나님은 아버지와 형님과 누님, 그리고 그 가족들을 하나하나 주님 품으로 돌이켜주셨다.

사실 형님의 믿음을 일으킨 사람은 내가 아니라 형수님이다. 평생을 불교 집안에서 불자로 살다가 결혼한 형수님은 상당히 오랜 시간 우리 가족을 지켜본 것 같았다. 결혼하고 10년쯤 지났을 때 형수님은 내게 "도련님, 도련님은 목사님인데 왜 형님과 우리 가족을 전도도 안 하고 그냥 두세요? 너무 궁금해서 내가 집 앞 교회에 출석해봤어요. 도련님이 목회하는 데 기도로라도 돕고 싶어서요. 그런데 이렇게 좋은데 왜 이제까지 교회 가자는 말씀을 안 하셨어요?"라며 웃음 섞인 핀잔을 주었다.

깜짝 놀랐다. 형님에게나 누님에게 감히 용기 내어서 교회에 나가자고 말도 못 하던 나의 소심함을 깨우치기라도 하듯이 형수님은 스스로 교회에 출석하기 시작했다. 그리고 조카들과 남편인 형님을 교회로 이끌어 온전한 믿음의 가정을 세웠다. 형수님이 경험한 교회는 그동안 절에서 느꼈던 그 어떤 것과 비교할 수 없는 큰 기쁨과 은혜로 충만했다고 말해주었다. 성령께서 가족을 움직이시니 온 가족이 믿음 안에 하나가 되어가는 것을 보고 놀라지 않을 수 없었다.

명절에 한 번씩 모이면 드리던 제사가 없어진 지 이미 오래되었다. 대신 꿈에 그리던 가정예배를 드리게 되었다. 목회자인 내가 당연히 설교하고 예배를 인도할 줄 알았는데, 형님이 가장으로 예배를 집례하고 말씀도 나눈다. 형수님은 눈물 어린 기도로 가족들의 기도를 대표하기도 한다.

단 한 절이면 충분했다. 약속의 말씀을 받았을 때 우리는 그것이 그대로 이루어지는 것에 의심이 없어야 한다. 때와 시기는 아버지께서 자기의 권한에 두셨다. 그러나 성령이 임하시면 그 권능은 우리를 증인으로 세우시는 놀라운 능력이 될 것이다.

4

말씀암송을
만나다

말씀이 육신이 되어 우리 가운데 거하시매 우리가 그의 영광을 보니
아버지의 독생자의 영광이요 은혜와 진리가 충만하더라

요 1:14

대학을 졸업하고 신학대학원 1학년 말 즈음에 총신대학교 게시판에 종합선교 규장에서 이슬비 2기 장학생(이슬비 장학회는 후에 303비전 장학회로 이름이 바뀌어서 지금은 303비전 장학생이라고 부른다)을 선발한다는 광고를 보았다. 이는 고(故) 여운학 장로님이 다음세대 목회지도자를 양성하려고 만든 장학제도로, 전국의 각 교단 신학대학원에서 두 명에서 네 명씩 선발했다.

민족개조의 꿈을 꾸고 교회를 새롭게 일으키기 위해서는 교회의 지도자들이 훈련단계에서 특별히 준비될 필요가 있다고 생각한 장로님이 신학교 게시판에 장학생 선발에 관한 공지를 올리신 것이다. 포스터에 붙은 공지 글을 보고 얼른 지원서를 작성해서

제출했다. 그리고 이슬비 2기 장학생으로 선발되었다. 그때 규장 사옥 4층에서 여운학 장로님과 지금의 여진구 대표님을 처음 뵈었다.

환한 웃음과 진지한 눈빛으로 나를 바라보며 여러 가지 질문을 하시던 장로님을 잊을 수 없다. 조국과 교회의 미래를 향한 큰 관심과 사랑이 있음을 알 수 있었다.

사실 내가 장학생이 되려고 지원한 것은, 장학금을 받는다는 것이 가장 큰 이유였다. 그러나 이슬비 장학회를 설립하고 이끌어가시는 장로님에게서 장학회를 향한 남다른 애착과 민족교회를 향한 간절한 사랑을 볼 수 있었고 내 가슴도 뜨거워졌다. 그 당시 종합선교 규장은 기독교 출판사로 그렇게 규모가 크지도 않고 빚도 있어서 상당히 어려운 상황이었다는 것을 나중에서야 알았다. 그럼에도 불구하고 여운학 장로님은 신학대학원 전도사들이야말로 하나님나라와 다음세대를 위하여 교회를 온전히 이끄는 지도자가 되어야 한다는 사명감으로 장학생들을 선발하셨다.

도산 안창호 선생이 민족 지도자 운동을 하셨던 것처럼 전도사들에게 장학금을 주며 잘 훈련하여 한국교회의 지도자가 되어주기를 바라셨다. 그렇게 선발된 장학생은 10기에 이르기까지 96명이었고, 신학대학원 2학년부터 졸업할 때까지 2년간 장학금과 도서비를 받으며 매월 모여서 말씀암송 훈련과 인격 훈련을 받았다.

목회를 위한 천지가 창조되다

나는 그 혜택을 두 번째로 받은 2기 장학생이었다. 가난하게 자라 겨우 대학교를 졸업하고 신학대학원에 다니던 나를 장학생으로 선발해준 것만으로도 내 인생에 하나님께서 주신 큰 은혜였다. 그런데 장학생으로 있으며 장로님과 함께 보낸 시간을 통해 하나님께서는 엿새 동안 천지를 창조하시듯, 목회자로서 내게 필요한 영적인 많은 부분을 채워주셨다.

하나님께서 궁창을 만드시고 공중에 새들을 채우시고 땅을 만드시고 네발 가진 짐승으로 채우셨듯이, 말씀으로 빛을 비추신 내 인생에 목회에 필요한 구석구석을 여운학 장로님을 통해서 채워주셨다. 어린 시절 만난 교회가 나에게 어머니 역할을 했다면, 신학대학원 시절 만난 여운학 장로님은 나에게 아버지 같은 분이셨다.

그저 생존만을 위해 살아온 것 같은 나의 인생을 하나님께서는 여운학 장로님을 통하여 생존을 넘어 사명의 자리로 이끌어주셨다. 장기려 박사의 사랑 정신과 안창호 선생의 정직과 진실, 그리고 가나안농군학교 김용기 장로님의 노동과 기도 생활을 배울 수 있었다.

또한 타인을 위해서 사는 삶이 어떤 삶인지 조금씩 눈에 들어오기 시작했다. 당시 이슬비 장학생들은 여름방학과 겨울방학이면 장로님과 함께 가나안농군학교에서 일주일간 숙식을 같이하며 수양회를 가졌다. 도산 안창호 선생처럼 장로님은 끊임없이 질문하셨고, 때로는 질책하시면서 교훈하셨다.

그 당시 우리는 한국교회 주요 교단의 신학대학원 2학년이었고, 나름 학력도 뒤지지 않는 엘리트들이었다. 소속 교회의 전도사이기도 했던 장학생들의 귀에 장로님의 말이 들어올 리가 없었다. 얼마나 어리석고 교만했던지 그때를 생각하면 부끄럽고 죄송하다. 그러나 장로님은 포기하지 않고 장학생들에게 장학금을 쥐여주면서까지 말씀과 인격에 대하여 강하게 도전하셨다.

겨울 수양회에서는 말씀암송으로, 여름 수양회에서는 노동 훈련으로 장학생들을 일깨워주셨다. 여름마다 찾아간 가나안농군학교에서 잊을 수 없는 곳은 김용기 장로님의 기도굴이었다.

매일 이른 아침부터 동서남북, 네 방향으로 30분씩 두 시간 동안 나라를 위해 기도한 무릎의 흔적 위에 우리는 무릎을 꿇었다. 그 입구에 붙어 있던 "조국이여, 안심하라"라는 글귀는 한 사람의 기도가 나라를 살린다는 확신이 들게 했다. 대구에서 목회하면서 가나안농군학교의 기도굴을 떠올리며, 대구를 위해 기도하는 일인이 되기로 마음먹은 것도 바로 여운학 장로님의 가르침 덕분이었다.

결핍이 아니라 창조로 가득한 인생

하나님이 엿새 동안 세상을 창조하시듯이 나의 인생도 창조주 하나님의 손에 그분의 말씀으로 만들어져가는 과정이었음을 깨닫게 되었다. 많은 사람이 나의 지난 삶을 보면 가난하고 궁핍하게 살았는데 어떻게 상처나 결핍이 없어 보이는지 묻는다. 이제야 나는 고백할 수 있을 것 같다. 처음부터 나는 가난하지도 않았고, 궁핍하지도 않았다. 왜냐하면 하나님께서 천지를 창조하실 때 무에서 창조하신 이유는 원래 아무것도 없는 것이 창조의 전제이기 때문이다.

뭔가가 처음부터 존재했더라면 이 세상은 원래 있던 그것을 향한 결핍으로 가득 찼을 것이다. 그러나 세상은 처음부터 아무것도 없었다. 그래서 만드시는 것마다 새롭고 좋았고, 만족이었다. 마찬가지로 내 인생도 아무것도 아니었고, 아무것도 없었기 때문에 말씀 한 절로도 만족할 수 있었고, 작은 것 하나도 하나님의 선물이 될 수 있었으며, 그것은 하나님 보시기에도 내가 보기에도 너무나 좋은 것들뿐이었다.

하나님은 모든 것을 이런 방식으로 채워주셨다. 지금까지 살아오면서 부족함이 많다고 느꼈던 부분은 대부분 나와 다른 사람을 비교하면서 느끼는 상대적인 것이었다.

하지만 하나님 앞에만 서면 나는 원래 없는 사람이라 지금 누리고 있는 삶도 충분하고 넘칠 수밖에 없었다. 그래서 지금까지 결핍을 모르고 살아왔던 것 같다. 모든 것이 충족되어서가 아니라 원래 아무것도 없었기 때문에 작은 것도 그렇게 감사하고 좋을 수가 없다.

가정의 소중함을 일깨워주시다

나는 이슬비 장학생으로 훈련받는 동안 성경암송을 배웠으나 목회 현장에서 실천하지는 못했다. 말씀을 해석하고 풀이하는 재미에 말씀 자체가 가진 깊은 은혜에는 빠져들지 못한 채 신학대학원을 졸업했고, 동시에 이슬비 장학생도 수료했다. 설교를 잘하고 부흥하는 부서의 교역자가 되는 것이 목회에서 성공하는 비결임을 몸으로 익히기에 바빴다.

그럼에도 부교역자로 교회에 헌신하는 일은 즐겁고 신나는 일이었다. 초등학교 시절부터 좋아했던 교회, 그러나 반대와 가난으로 온전하게 섬길 수 없었던 교회였다. 이제는 부목사가 되어 원 없이 교회 사역에 몰입할 수 있게 되었으니, 얼마나 기쁘고 행복했는지 모른다.

성도들의 칭찬과 사랑을 온몸으로 받았다. 그만큼 충성되게 일했다. 내게는 교회가 전부였고 천국이었다. 그렇게 충성스러운 사역의 보상이라도 받듯이 나는 교회에서 전액 지원을 받아 영국 유학길에 오르게 되었다.

영국 유학 시절 내게 가장 큰 선물은 가족이었다. 영국에 있는 동안 가족의 소중함을 깨닫게 되었다. 교회에서 자랐고, 교역자가 되어 교회를 위해 모든 것을 쏟아붓는 동안 미처 돌보지 못한 것이 가정임을 영국에 가서야 알게 되었다. 하나님께서 내게 원하시는 하나님의 나라와 하나님의 의는 가장 가까이, 가정에 있다는 것을 깨달았다. 아담과 하와를 만드시고 '가정'의 창조가 완성된 후에 "보시기에 심히 좋았다"라고 하셨던 하나님을 비로소 알게 되었다.

3년 가까운 유학 생활을 통해 우리는 세상에서 가장 값진 공부를 했으며 남편으로, 아빠로 어떤 존재가 되어야 하는지를 알게 되었다. 또한 우리 가정이 하나님 한 분 만으로 기쁨이 충만한 은혜를 누리는 기회가 되었다.

하나님께서는 공허함과 혼돈, 흑암 가운데 작은 빛 하나로도 만족하셨고 아무것도 날아다니지 않는 궁창을 보시면서도 '좋다'고 하셨다. 풀 한 포기 없는 땅조차도 하나님께서는 만족이 되었다.

마찬가지로 하나님께서는 내가 충성스럽게 사역했을 때 드리는 사역의 어떤 열매보다 '나'라고 하는 존재 자체를 더 기뻐하셨고, 나와 우리 가족이 그리스도 안에서 살아가는 모습만으로도 충분히 기뻐하셨다.

그 기쁨이 회복되고 난 후에 나는 더 이상 충성스러운 교회의 일꾼이 되려고 하기보다 하나님의 자녀가 되는 기쁨을 누릴 수 있었다. 더 나아가 내게 허락하신 아내와 자녀들이 얼마나 소중한지도 깨닫게 되었다. 그야말로 선물 같은 시간이었다.

02

教會에
스며드는
하나님
말씀

ROMANS 8:28

5

두려워하지
말라

오직 강하고 극히 담대하여 나의 종 모세가 네게 명령한
그 율법을 다 지켜 행하고 우로나 좌로나 치우치지 말라
그리하면 어디로 가든지 형통하리니

수 1:7

영국에서 유학 중이던 나는 파송교회 담임목사님의 사임으로 한국에 돌아와야 했다. 유학 생활은 3년을 못 채우고 끝이 났다. 갑작스러운 귀국으로 가족들은 다시 혼돈의 시간을 보내는 듯했다. 그러나 지금까지 이끌어주신 하나님의 인도하심을 의심할 수 없었기에, 이후의 삶 역시 인도해주실 것이란 믿음은 있었다.

하나님의 인도하심을 신뢰했지만, 3년 만에 돌아온 한국에 목회자로서 사역지도 없었고 유학도 중단되어 어떻게 해야 할지 모르는 막막함은 어쩔 수 없었다. 나는 무작정 대구 외곽 길을 걸었다. 그때 낙심하여 엠마오 마을로 걸어가던 두 제자에게 예수님이 다가오셔서 그들과 함께 걸으시며 성경을 풀어 말씀하셨던 것

이 기억났다. 그래서 나는 걷기로 했다.

제자들이 걷는 동안 예수님이 낙심한 제자들 곁에서 대화하시며 함께했지만, 제자들은 그분이 예수님이신지도 몰랐다. 낙심은 눈을 어둡게 한다. 낙심으로 주저앉아 있으면 동행하시는 예수님과 함께하는 기회도 놓치게 된다. 그래서 나는 걸었다. 지친 다리와 무릎을 세울 때마다 갈릴리와 예루살렘을 걸어 다니셨던 예수님을 생각하면서 걸었다.

그리고 그런 걸음걸음마다 말씀을 붙들고 묵상하며 기도했다. 그 당시 내가 할 수 있는 가장 쉽고도 위대한 일은 걷는 것이 전부였다.

대구 사랑 걷기

대구가 제일 잘 보이는 앞산 순환로 충혼탑 꼭대기에 올라가서 대구를 바라보며 걸었다. 행정구역상 대구 외곽으로 차도가 있는 도로를 따라 3박 4일간 두 발로 걸은 거리가 모두 108킬로미터였다. 기도하며 걷는 것을 사람들은 흔히들 '땅 밟기'라고 불렀지만, 나는 성을 무너뜨리는 사람이 되기보다는 느헤미야처럼 성벽을 쌓는 사람이 되고 싶었다. 그래서 나는 땅 밟기라는 표현을 사용하지 않고 '대구 사랑 걷기'라는 이름으로 걸었다.

원대한 포부를 가지고 걸은 것이 아니었다. 낙심하고 막막한 마음에 걸었던 걸음이었다. 하지만 주님은 함께하셨고 그 걸음이 끝나자마자 나는 교회를 개척했다. 교회 이름은 엠마오교회였다. 걷는 동안 주님을 만나고 말씀을 풀어주실 때 마음이 뜨거워졌던 바로 그곳, 떡을 뗄 때 눈이 떠졌던 그곳이 엠마오이기 때문이다.

그렇게 시작된 걸음이 지금까지 이어지고 있다. 매년 여름과 겨울마다 빠짐없이 걸어서 이제까지 서른한 바퀴를 걸었다. 대구 외곽을 걸을 때마다 가나안농군학교 김용기 장로님의 기도 굴을 떠올린다.

장로님이 기도실 입구에 "조국이여, 안심하라"라고 적어둔 것처럼 나는 대구 동구의 금호강을 가로지르는 안심교를 건널 때마다 "대구여, 안심하라"를 선포하며 걷는다.

> 그들이 서로 말하되 길에서 우리에게 말씀하시고 우리에게 성경을 풀어주실 때에 우리 속에서 마음이 뜨겁지 아니하더냐 하고
>
> 눅 24:32

먼지만 자욱한 개척교회

이렇게 길을 걸으면서 개척한 엠마오교회는 2006년 12월에 한 아파트의 작은 거실에서 네 가정, 열한 명의 개척 멤버와 함께 시작되었다. 그런데 주일 예배를 드릴 때마다 이웃들을 고려하지

않을 수 없었다. 낯선 사람 10여 명이 아파트를 꾸준히 드나드는 것도 미안하고 찬송과 기도도 마음껏 하기가 쉽지 않았다. 그래서 개척 일주일 만에 예배 공간을 찾아 나섰다.

그러다 북구 읍내동의 어느 건물 3층이 임대되지 않아 3년간 비어 있다는 소식을 듣게 되었다. 소식을 듣고 곧장 달려가서 건물만 한번 둘러보고 건물주가 월세를 3개월 동안 유예해주겠다는 말에 바로 계약했다.

3개월이면 월세를 줄 수 있을 정도로 성도들이 충분히 모이리라 확신했다. 그러나 실상은 완전히 달랐다. 실내에 빼곡히 들어서 있는 칸막이와 시설들을 철거하는 데만 700만 원이 든다고 했다. 교회 실내인테리어는 고사하고 철거하는 비용도 감당 못 한 채 기운이 다 빠져버렸다.

언제나 그랬던 것처럼 나의 인생은 창세기를 떠올리게 한다. 땅이 혼돈하고 공허하며 흑암이 깊음 가운데 있는. 교회 개척을 앞두고도 역시나 그랬다.

아내는 이미 계약한 건물이니 어쩔 수 없다며 연장을 들고 칸막이를 한 칸씩 뜯어내기 시작했다. 아내가 앞장서서 벽을 뜯어내는데 사뭇 놀라지 않을 수 없었다. 부랴부랴 함께 달려들어 7개의 방으로 된 기존의 공간을 한 주에 한 칸씩 허물어갔다. 그렇게 먼지가 자욱한 곳에서 예배는 시작되었다.

먼지 외에는 아무것도 없었다. 아무것도 없고 아무도 없었다.

임대 얻은 공간에는 벽체를 뜯어낸 먼지만 가득했다. 나도 이런 교회는 다니고 싶지 않다는 생각이 들 정도였다. 이렇게 초라하고 형편없는 모습으로 교회를 시작하고 싶지는 않았다. 응원과 지지도 받고 후원도 받고 사랑받으며 출발하고 싶었다. 그러나 현실은 참혹했다. 설교할 강대상도 없고, 앉을 의자도 없고, 음향 시설도 없었다.

도리어 개척하면서 주변 교회와 이전에 다니던 교회로부터 온갖 험담이 들려왔다. 아직 시작도 하지 않은 교회에 성도들이 이삼백 명씩 차고 넘친다는 소문, 심지어 이단이라는 소문, 교회를 쪼개어서 성도들을 빼갔다는 소문들이 귀에 들려왔다. 바로 가까이에 있는 이웃 교회에서 찾아와 항의하기까지 하였다. 그런 말을 하는 사람들에게 직접 와 눈으로 보고 확인하라고 말하고 싶었지만, 기도할 수밖에 없었다.

이렇게 눈물로 교회를 시작할 때 여운학 장로님께서 개척을 축하한다며 갓피플몰에서 100만 원 상당의 강대상을 하나 고르라고 하셨고, 그것이 교회를 개척하면서 받은 첫 선물이자 가장 큰 선물이 되었다.

여운학 장로님은 내가 이슬비 장학생이던 시절부터 개척에 대한 권면을 장학생들에게 하셨지만, 대부분 장학생들은 기존 교회의 담임 목회자가 되려는 생각들로 가득 차 있었다. 나 역시 장로님의 개척 제안보다는 선교에 대한 마음이 더 컸기 때문에 개척에 대해서는 일말의 생각도 하지 않았다.

그런 내가 한국에 와서 갑작스럽게 개척하게 되었다는 소식을 가장 반갑게 맞아주시고 축복해주신 분이 여운학 장로님과 여진구 대표님이셨다. 대표님은 추천 도서 몇 권을 소개해주었는데, 짧은 시간이었지만 개척에 대한 마음가짐을 새롭게 할 수 있는 기회가 되기도 했다. 무엇보다 두 분의 기도와 격려가 내게 큰 힘이 되었다. 아무도 반기지 않는 대구에서, 아무도 도와주지 않는 개척 목회를 두 분이 적극적으로 권면해주셨다는 것만으로도 위로는 충분했다.

내 안에 스며드는 두려움

아무리 마음이 위로를 받고 격려를 받았어도, 현실은 여전히 암담했다. 특히 대구는 목회자들에게는 기피의 도시였다. 오죽하면 목회자들 사이에서 대구는 '목회자의 무덤'이란 별명까지 붙었겠는가? 대구는 성공한 목회자보다 실패한 목회자가 많고, 심지어 대구 출신 목회자는 천국에서도 찾아보기 힘들어서 대구 출신 목회자가 천국 가면 상급이 두 배나 클 거라는 우스갯소리들도 했다.

처음 대구를 크게 한 바퀴 걸으면서 "이 산지를 내게 주소서"라고 기도할 때는 목회적 자신감이 충만했다. 하지만 현실은 녹록

하지 않았다. 도움을 주는 사람도 없었고, 함께하자고 나서는 사람도 없었다. 그때 선배 목사님 중 한 분이 내게 이런 말을 해주었다.

"개척교회는 능력을 받아야 한다. 예수님도 40일 금식하고 능력 받아서 공생애를 시작했다. 공생애 초기에 많은 기적과 능력이 나타나자 사람들이 몰려들었다. 그리고 초대교회는 성령 충만의 역사로부터 시작되었다. 그러니 너도 강단에 엎드려 능력을 받고 병을 고치고 귀신을 쫓아내고 권능을 행해야 교회가 성장한다."

설득력이 있었다. 그래서 작정 기도를 하기 시작했다. 권능을 달라고, 내게 능력을 부어주셔서 놀라운 일들이 일어나게 해달라고 기도했다.

그동안 청소년 사역, 청년 사역을 전문적으로 하면서 얼마나 많은 능력과 은혜들을 체험했던가? 그러나 개척은 다른 차원의 영적인 은혜가 더 필요한 것 같았다. 새벽부터 저녁까지 교회를 떠나지 않고 기도하며 강단에 엎드렸지만, 피부로 느낄 수 있을 정도의 어둠과 두려움이 계속 나타났다. 사탄이 역사하는 것을 보니 교회 개척이 하나님께서 기뻐하시는 일이라는 것을 확신할 수 있었다.

교회와 내면에 드리워진 어둠의 권세를 물리치기 위해 강단에서 매일 새벽 기도로 영적 전쟁을 치러야 했다. 어떨 때는 새벽기도 후 강단에 엎드려 기도하는 중에 어둠이 나를 기웃거리며 조롱하듯이 스산한 기운이 감돌던 적도 있었다. 나뿐만 아니라 함께 예배드리는 성도 대부분에게도 비슷한 경험들이 있었다고 한다. 그것은 두려움이었고, 공포감이었다. 이런 두려움은 어디서 온 것일까? 교회를 개척하며 나는 도대체 무엇을 두려워하고 있는 것인가? 준비가 부족했던가? 나는 시름에 잠겼다.

강하고 담대하라

기도 가운데 하나님께서는 나를 또다시 말씀 앞으로 이끌어주셨다. 여호수아서 1장 말씀이 목회의 방향을 결정하는 데 아주 중요한 말씀이 되었다. 여호수아서를 통해 하나님은 가나안 땅에 들어가는 청년 여호수아의 마음을 깨닫게 해주셨다.

여호수아서 1장에서 하나님께서는 모세가 죽은 후에 모세의 뒤를 이어 가나안 땅을 정복하는 사명을 여호수아에게 잇게 하셨다.

여호와의 종 모세가 죽은 후에 여호와께서 모세의 수종자 눈의 아들 여호수아에게 말씀하여 이르시되 내 종 모세가 죽었으니 이제 너는 이 모든 백성과 더불어 일어나 이 요단을 건너 내가 그들 곧 이스라엘 자손에게 주는 그 땅으로 가라

수 1:1,2

약속의 땅을 주시겠다는 명령을 하시면서 하나님께서는 여호수아서 1장 5-9절에서 반복적으로 여호수아를 떠나지 않으며 버리지 않으실 것을 약속하신다.

네 평생에 너를 능히 대적할 자가 없으리니 내가 모세와 함께 있었던 것 같이 너와 함께 있을 것임이니라 내가 너를 떠나지 아니하며 버리지 아니하리니 강하고 담대하라 너는 내가 그들의 조상에게 맹세하여 그들에게 주리라 한 땅을 이 백성에게 차지하게 하리라 오직 강하고 극히 담대하여 나의 종 모세가 네게 명령한 그 율법을 다 지켜 행하고 우로나 좌로나 치우치지 말라 그리하면 어디로 가든지 형통하리니 내가 네게 명령한 것이 아니냐 강하고 담대하라 두려워하지 말며 놀라지 말라 네가 어디로 가든지 네 하나님 여호와가 너와 함께 하느니라 하시니라

수 1:5-7,9

눈의 아들 여호수아, 모세의 수종자 여호수아는 평생 모세를 충성스럽게 따랐던 자로 가나안 정복을 위한 가장 믿음 있고 능력 있는 장수였다. 열두 명의 정탐꾼으로 파견되어 가나안 전 지역을 정탐한 후에 "그들은 우리의 밥이라"라고 외쳤던 믿음의 사람이었다.

출애굽 1세대들이 모두 가나안의 실체를 보고 두려워하여 불신앙으로 원망하던 그때, 여호수아는 옷을 찢으며 두려워하지 말라

고, 여호와께서 함께하신다고 부르짖었던 사람이다. 결국 1세대들은 광야에서 모두 죽었지만, 믿음의 눈으로 가나안을 바라본 덕분에 갈렙과 함께 유일하게 살아서 가나안 땅을 밟을 수 있었던 사람이기도 하다.

하지만 여호수아서 1장을 읽어보면 마치 여호수아가 두려움에 주저하고 있는 듯이 하나님께서 "강하고 담대하라. 두려워하지 말라"라는 말씀을 반복해서 하고 계신다. 하나님께서는 왜 그토록 확신 있고, 믿음 있고, 실력 있던 여호수아에게 여러 차례 "두려워하지 말라, 내가 너와 함께하겠다, 마음을 강하게 하고 담대하게 하라"라고 반복하여 말씀하시는가?

그때 알았다. 여호수아는 가나안을 정탐했을 때보다 가나안 진입을 눈앞에 둔 지금, 마음이 약해져 있고 두려움에 떨고 있다는 것을.

곰곰이 생각해보았다. 여호수아는 무엇을 두려워했을까?

급격한 변화 앞에서 두려움을 느끼다

첫째로, 여호수아는 모세와 자신이 다르다는 것 때문에 두려웠을 것이고 모세의 시대와 자신이 이끌어갈 시대가 달라졌음을 보았기에 두려움을 느꼈을 것이다.

여호수아는 모세의 수종자로 한평생을 모세와 함께했다. 모세가 어떤 사람인가? 모세가 부르심을 받는 순간부터 광야에서 40년을 보내는 동안, 그와 같은 선지자는 없었다. 그는 하나님과 대면하여 아는 자였으며, 온유함이 지면의 모든 사람보다 나은 지도자였다.

> 그 후에는 이스라엘에 모세와 같은 선지자가 일어나지 못하였나니 모세는 여호와께서 대면하여 아시던 자요 여호와께서 그를 애굽 땅에 보내사 바로와 그의 모든 신하와 그의 온 땅에 모든 이적과 기사와 모든 큰 권능과 위엄을 행하게 하시매 온 이스라엘의 목전에서 그것을 행한 자이더라
>
> 신 34:10-12

> 이 사람 모세는 온유함이 지면의 모든 사람보다 더하더라
>
> 민 12:3

모세는 애굽 공주의 손에 건짐받아 공주의 아들로 궁궐에서 고급 교육을 받았고, 호렙에서 하나님의 부르심을 받을 때도 특별한 경험을 통해 지도자로 세워졌다. 그 손을 품 안에 넣었다가 뺐을 때, 지팡이를 바닥에 던졌을 때, 하늘을 향해 지팡이를 들었을 때, 그 지팡이로 나일강을 쳤을 때 어떤 일이 일어났는지 여호수아는 알고 있었다.

모세는 자신이 지니고 다니던 지팡이로 홍해를 갈랐으며, 반석에서 물이 나오게도 했다. 하나님께 기도하여 40년 동안 이스라엘 백성을 만나와 메추라기로 먹였던 모세를 여호수아는 기억하고 있었다. 그뿐만 아니라 모세가 손을 올리면 여호수아는 전쟁에 능한 사람이 되어 아말렉을 이겼고, 반대로 모세가 팔이 아파서 손을 내리면 허수아비처럼 무력해지는 경험을 한 당사자이기도 했다.

하지만 자신은 모세와 비교하면 너무 초라한 이력을 가지고 있었고, 그 초라한 이력으로 가나안을 정복해야 했다. 그래서 여호수아는 두려워했다.

여호수아는 또한 모세의 죽음 이후 광야에서 가나안으로 진입하는 과정에서 세대가 교체되는 변화의 순간을 경험하고 있었다. 그렇기 때문에 가나안 정복을 향한 믿음과 열정으로 불타기에 앞서 두려움에 휩싸이고 만 것이다.

나 역시 목회자가 되어 소위 2인자로서 사역할 때는 자신감이 충만했다. 겁날 것도 없었다. 그러나 막상 개척 목회를 시작하니 두려워졌다. 먼지로 가득한 예배 처소에 앉아 있는 나의 모습이 원수의 조롱거리가 된 것 같았고, 갈 길을 못 찾고 헤매고 있는 듯이 보였다.

개척을 시작할 때만 해도 자신감과 패기로 가득 찼는데, 이제 세대가 바뀌었다는 생각이 문득 나를 엄습했다. 이전 세대와 지금 세대에 하나님은 동일하시지만, 시대가 다르고 하나님이 역사하시는 방식이 달랐다.

한국교회의 초기 역사는 초대교회와 같았다. 광야와 같은 시절을 지나면서 한국교회에는 하나님의 특별한 역사와 은혜가 필요했다. 그래서 비상적인 능력들을 부어주셨다. 개척목회를 해도 금방 부흥을 해서 자립을 했고, 부임목회를 해도 어느덧 대형교회가 되어 있었다. 초대교회와 같이 놀라운 부흥의 역사가 나타났다.

그러나 120여 년이 흐른 지금, 교회에 대한 세상의 평가는 그때와 다르다. 부흥이 끝났다고 한다. 거품이 빠지는 시기다. 교회마다 주일학교가 사라져가고, 대형교회 쏠림 현상으로 교회의 양극화 현상도 더욱 심해졌다.

개척교회는 100개 중 한 곳 정도 겨우 생존한다. 기존 성도들에게조차 개척교회는 기피의 대상이 되었다. 시대가 바뀌었고, 세대가 바뀌었다. 이때 밀려오는 두려움은 무기력함과 막막함, 그 자체였다.

여호수아도 그랬을 것 같다. 그래서 모세가 죽고 난 후에 시작되는 여호수아서 1장은 이스라엘이 드디어 가나안을 정복하는 멋진 장면으로 시작하지 않는다. 여호수아서 1장 1-9절까지, 아홉 절을 할애하여 하나님은 여호수아에게 두려워하지 말라고 격려하고 도닥이며 약속하고 계신다. 그 말씀이 여호수아와 마찬가지로 두려움과 막막함, 무기력함으로 떨고 있던 나를 일으켰다.

가나안의 실체가 두려움이 되다

둘째로, 여호수아를 두렵게 했던 것은 '가나안'의 실체였다. 가나안은 거꾸로 읽어보면 '안 나가'다. 가나안은 젖과 꿀이 흐르는 땅이고 하나님이 약속하신 땅이다. 들어가면 안 나갈 만큼 좋은 곳이다. 그러나 눈앞에 펼쳐진 가나안 땅은 텅 비어 있는 신대륙이 아니었다. 거기 사는 가나안 일곱 족속은 아낙 자손의 거인이었으며, 그에 비해 이스라엘은 메뚜기와 같았던 것을 여호수아는 두 눈으로 보았다.

믿음으로 보는 약속의 땅과 현실적으로 보이는 가나안 땅은 괴리가 아주 컸다. 하나님께서 가나안을 주시겠다고 약속은 하셨지만, 그냥 주시는 것이 아니었다. 전쟁이 기다리고 있었다.

오늘날 가나안은 종말론적으로 우리가 궁극에 도달할 곳, 요단강 건너 하나님께서 약속하신 땅으로 이해되곤 하지만 실상은 그렇지 않다. 가나안 땅은 강만 건너면 들어갈 수 있는 비어 있는 천국 도성이 아니다.

가나안 땅은 전쟁터였다. 전쟁이 도사리고 있는 그 땅에 이스라엘 백성들을 이끌고 들어간다는 것은 긴장과 두려움 그 자체였을 것이다. 여호수아는 그곳에서 한바탕 큰 전쟁을 치르고 가나안 족속을 몰아내야 할 사명을 받은 것이다.

우리가 살고 있는 땅은 하나님이 주신 선물이다. 그러나 다른 한편으로는 전쟁터와 같다. 가나안은 약속의 땅이지만, 동시에 전쟁을 통해서 그 약속을 성취해내야 하는 전쟁터였다. 마찬가지로 대구에서 이 산지를 내게 달라며 기도하고 땅을 걸으면서 호기롭게 목회를 시작했더라도 내 앞에 기다리고 있는 것은 전쟁이었다. 하나님을 거역함, 어둠과 음란의 문화, 득세한 악의 세력과 싸워 우리 자녀들이 믿음으로 살아가는 세상을 만들어야 하는 곳이 이 땅이다. 그냥 주어지는 것이 아니라 전쟁을 통해 주어진다.

광야는 고달파 보이는 곳이었지만 하나님께서 이스라엘 백성들을 구름 기둥, 불 기둥으로 인도하셨던 은혜의 장소였다. 만나와 메추라기로 먹이셨고 반석에서 물을 내셨다. 의복이 해어지지 않았고 발이 부르트지 않았다. 성막을 중심으로 특별한 하나님의 동행이 있었다. 광야에 있으면 적어도 굶어 죽지는 않는다. 하늘 문이 열리는 곳이 광야이다.

그러나 가나안은 그렇지 않았다. 여호수아서 1장 11절에서 여호수아는 하나님의 명령을 받은 후 처음으로 이스라엘 백성에게 지시한다.

진중에 두루 다니며 그 백성에게 명령하여 이르기를 양식을 준비하라 사흘 안에 너희가 이 요단을 건너 너희의 하나님 여호와께서 너희에게

주사 차지하게 하시는 땅을 차지하기 위하여 들어갈 것임이니라 하라

수 1:11

여호수아가 하나님의 명령을 듣고 나서 첫 번째 한 말이 "양식을 준비하라"였다. 광야 시절 동안 이스라엘 백성은 광야에서 양식을 준비한 적이 한 번도 없었다. 하늘이 그들의 곳간이었다. 하늘에서 떨어지는 만나와 메추라기를 먹었다.

그러나 가나안 땅은 하늘의 만나가 끊어지는 곳이고 그들에게 더 이상 메추라기는 없다. 우물을 파야 했고 땅을 갈고 농사를 지어야 했다. 그래서 여호수아는 백성들에게 "양식을 준비하라"라고 명령한 것이다. 40년 동안 한 번도 준비하지 않던 양식을 이제는 준비해야 했다.

오늘날 목회 현실도 마찬가지다. 나는 소위 까마귀라고 일컫던 하나님의 비상적인 역사는 서서히 사라지고 있다고 판단했다. 그렇다고 하나님이 사라지는 것은 아니다. 하나님께서 역사하시는 방식이 바뀐 것이다. 하나님은 이제 우리에게 양식을 스스로 준비하라고 하신다.

가나안은 약속의 땅이지만 그 약속을 이루기 위해서는 엄청난 전쟁이 기다리고 있다는 것을 여호수아는 알았다. 그래서 여호수아의 마음에 전쟁의 각오와 함께 두려움과 긴장이 젖어든 것 같았다.

나도 다르지 않았다. 대구에서 태어나 지금까지 살면서 이 땅에 대한 거룩한 부담감은 누구보다도 크다. 그러나 교회를 시작하는 순간만큼은 긴장이 되고 두려움이 몰려온 것이 사실이었다.

이스라엘 백성이 두려움이 되다

셋째로, 여호수아를 두렵게 한 것은 바로 이스라엘 백성들 그 자체였을 것이다. 여호수아는 모세와 하나님이 모세에게 붙여주신 이들을 기억했다.

혀가 짧아 바로에게 하나님의 말씀을 전할 수가 없다고 하자 하나님은 모세의 대변인으로 아론을 붙여주셨다. 모세에게는 또한 아론과 함께 모세의 팔을 들어주었던 훌, 열두 정탐꾼 중에 믿음의 사람이었던 여호수아와 갈렙 같은 동역자들이 많았다. 지혜로운 장인 이드로의 도움으로 천부장, 백부장, 십부장이라는 조직도 구성했다.

그러나 여호수아서를 전체적으로 읽어보면 어떤 전쟁에서도 여호수아 곁에서 여호수아와 대화하며 동역한 인물에 대한 기록은 없다. 심지어 함께 정탐을 떠났던 갈렙마저 전쟁이 끝난 후에야 등장해서 땅을 분배할 때 자신의 몫에 대해 주장할 뿐이었다. 이런 걸 보면 여호수아에겐 동역자가 많지 않았던 것 같다. 마음 터놓고 의논할 동역자 없이 이끌어야 하는 수많은 이스라엘 백성들 자체가 여호수아에겐 두려움으로 다가왔을 것이다.

오늘날 목회의 현실도 이와 같다고 여겼다. 예전처럼 연합집회를 하거나 동역하여 함께하는 분위기는 찾아보기 어렵다. 동역은커녕 실력주의와 자본주의 사회로 접어들면서 교회끼리도 경쟁하기 시작했고, 이웃 교회와 묘한 라이벌 의식에 사로잡혀 있는 것이 현실이다. 교회를 개척하려고 해도 가까이에 다른 교회가 있으면 이웃 교회로부터 온갖 수모를 당하게 된다.

내가 교회를 개척하고 두 달이 채 되지 않았을 때였다. 이웃 교회 안수집사님이 찾아와서 거친 말로 내게 항의를 했다. 자기 교회 옆에 교회를 세우다니 얼마나 잘하나 보러 왔다며 으름장을 놓았다. 무섭기도 했고 깊은 상처가 되어 교회에 대한 회의를 심각하게 한 적도 있다.

현대 사회에서 자신이 출석하는 교회 외에는 모두 경계와 경쟁의 대상이 되었다. 도시가 다르거나 오지의 교회이거나 선교지가 아니면 도우려고 하지 않는다. 이웃 교회는 안중에 없다. 아이러니하게도 멀리 있는 개척교회는 돕지만 바로 곁에 있는 개척교회는 거들떠보지도 않는다. 여호수아는 남자 성인만 60만 명이 넘는 큰 무리를 이끌었지만 도와줄 조력자 하나 없이 외로운 가나안 정복의 길을 걸어야 했다. 나 역시 이제 막 시작하는 교회 개척의 길을 나 홀로 감당하며 걸어야 한다는 생각에 마음이 가라앉았다.

두려움을 이기는 하나님의 처방전

모세와 다른 시대를 살아야 했던 여호수아, 가나안이 약속의 땅임을 알지만 약속을 성취하기 위해 거쳐야 할 전쟁이 기다리고 있었고, 그 길을 외로이 가야 했던 그에게 하나님이 하신 말씀이 있었다.

모세처럼 능력을 보여주시며 확인시켜주신 것도 아니고, 아론과 훌처럼 동역자를 붙여주지도 않으셨다. 가나안 땅은 여전히 강력한 일곱 족속이 득실거리는 땅이었다. 그런 여호수아에게 주신 하나님의 처방전은 의외로 간단했다. 그러나 강력했다. 그 처방전은 바로 여호수아서 1장 8절 말씀이었다.

> 이 율법책을 네 입에서 떠나지 말게 하며 주야로 그것을 묵상하여 그 안에 기록된 대로 다 지켜 행하라 그리하면 네 길이 평탄하게 될 것이며 네가 형통하리라
>
> 수 1:8

내 눈에 들어온 이 한 구절이 오늘의 엠마오교회를 이끌었다. 시내산에서 모세에게 주신 율법책을 입에서 떠나지 않게 하는 것, 그것을 주야로 묵상하여 그 안에 기록된 대로 다 지켜 행하는 것이 가나안 정복의 지침이었다는 것을 깨달았다. 하나님은 두려움과 긴장감으로 주춤해 있는 여호수아에게 최상의 처방을 주셨다.

그것이 오늘날 다음세대를 이어가는 성도들에게도 동일하게 적용되는 하나님의 처방전이다.

세상은 우리를 두려움으로 몰아넣는다. 급속도로 빠르게 변화하는 세상에 살면서 변화의 속도에 당황하며 서둘러 이것저것 발걸음을 맞춰보지만 변화의 속도를 맞추지 못해서 늘 두려워한다. 과거에는 세상 흐름에 뒤처져도 어른들은 언제나 존경받았고 지혜의 보고가 되어 많은 젊은이에게 멘토가 되어주었다. 지금은 완전히 다르다. 실력 없고 세대를 따라잡지 못하면 자녀세대에게 '꼰대'라는 소리를 들어가며 옛적을 추억하는 신세로 전락해버린다.

요단강을 건너야 하는 여호수아에게 율법책을 주야로 묵상하여 그 안에 기록된 대로 지켜 행하라고 하신다. 모세처럼 지팡이를 주시거나 동역자를 붙여주지 않으시고, 대신 율법책을 입에서 떠나지 말게 하라고 명령하셨다.

여호수아서 8장에 보면 아이 성 전투의 실패를 극복한 여호수아와 모든 이스라엘 백성이 세겜의 그리심산과 에발산에서 율법의 모든 말씀을 낭독하기에 이른다. 여호수아의 절정 부분은 요단강 도하나 여리고 정복이 아니라 전쟁 중에 온 백성이 세겜 들판에서 여호와의 말씀을 들었다는 것이다.

나는 가슴이 뛰었다. 이 말씀을 입에서 떠나지 않게 하는 것, 주야로 묵상하는 것, 그것을 지켜 행하는 것이 내 앞에 놓인 거대한 가나안 정복의 관건임을 한 번에 알 수 있었다.

그렇게 나는 여호수아와 함께 두려움을 이기는 하나님의 처방전을 손에 쥘 수 있었다.

"이 율법책을 네 입에서 떠나지 말게 하며 주야로 그것을 묵상하여 그 안에 기록된 대로 다 지켜 행하라."

6

이 율법책을 네 입에서
떠나지 말게 하며

이 율법책을 네 입에서 떠나지 말게 하며
주야로 그것을 묵상하여 그 안에 기록된 대로 다 지켜 행하라
그리하면 네 길이 평탄하게 될 것이며 네가 형통하리라

수 1:8

하나님께서 여호수아에게 하신 말씀, "이 율법책을 입에서 떠나지 말게 하며 주야로 그것을 묵상"하는 것이 바로 '말씀암송'이라고 이슬비 장학생 시절 여운학 장로님께 들은 것이 생각났다. 나는 곧장 여 장로님께 연락을 드려 엠마오교회에서 303비전성경암송학교 유니게 과정을 열고 싶다고 말씀드렸다. 개척을 하고 한 달 만에 암송학교를 개최한 것이다.

303비전은 여운학 장로님이 한국교회를 위해 기도하시면서 다음세대를 위해 제창한 자녀교육의 비전이다. 30년씩 3세대에 이르도록 말씀암송 자녀교육을 통하여 한국교회 100년의 미래를 계획하는 다음세대 민족개조운동이 303비전이다.

자녀가 부모의 품을 떠나 독립하는 시기가 대략 30세 전후이다. 30세까지는 부모의 영향이 크고 부모의 그늘에서 자란다. 장로님은 한 세대를 30년으로 보고 3세대에 이르도록 가정에서 말씀으로 신앙을 잘 지도하는 것이 기독교 명문 가정을 만드는 길이며, 100년을 내다보는 기독교 교육의 핵심이라고 강조하셨다. 부모가 자녀를 신앙으로 양육하기 위하여 신명기 6장 4-9절에서 하나님이 명령하신 대로 말씀을 자녀들에게 부지런히 가르치라는 것이다.

이스라엘아 들으라 우리 하나님 여호와는 오직 유일한 여호와이시니 너는 마음을 다하고 뜻을 다하고 힘을 다하여 네 하나님 여호와를 사랑하라 오늘 내가 네게 명하는 이 말씀을 너는 마음에 새기고 네 자녀에게 부지런히 가르치며 집에 앉았을 때에든지 길을 갈 때에든지 누워 있을 때에든지 일어날 때에든지 이 말씀을 강론할 것이며 너는 또 그것을 네 손목에 매어 기호를 삼으며 네 미간에 붙여 표로 삼고 또 네 집 문설주와 바깥 문에 기록할지니라

신 6:4-9

또한 여운학 장로님은 부모가 모든 시간, 모든 장소에서 부지런히 자녀들에게 말씀을 가르치기 위해 가정예배를 드려야 할 것을 강조하셨다. 더하여 가정예배를 드릴 때 성경 말씀을 꾸준

히 반복해서 듣게 하기 위해 '말씀암송가정예배'를 할 것을 제창하셨다.

부모가 가정예배에서 설교를 하거나 성경공부를 이끌 만큼 충분히 성숙하지 않은 상태에서는 신앙의 전수는 고사하고 강제적이고 억지스러운 예배가 될 가능성이 높다.

그러나 말씀암송가정예배를 드리게 되면 자녀가 주도해서 말씀을 선포하고 반복적으로 되뇌는 과정에서 자연스러운 대화와 질문, 묵상이 가능하다.

이런 가정예배의 모범을 진작에 장로님께 배웠지만, 목회에 적용할 수 있을 것이라고는 생각도 못 했다. 그러나 개척을 시작한 후 모든 것이 막막하고 두려움이 앞을 가리고 있는 상황에서 여호수아서 1장 8,9절 말씀을 묵상하는 가운데 303비전성경암송학교가 생각난 것이다. 그래서 개척과 동시에 303비전성경암송학교를 개최하게 되었다.

이제 막 개척한, 성도가 열 명도 안 되는 교회에서 성경암송학교를 개최한다는 것은 큰 용기가 필요했다. 303비전성경암송학교는 장로님과 스태프, 그리고 여러 강사들이 약속한 교회에서 7주 간 특강과 함께 유니게 성경암송 구절 100절을 암송하는 과정이다.

그래서 최소 등록 인원이 30명 이상이 되어야 가능했다. 전교인을 다 동원해도 어린아이 포함해서 열 명 남짓, 감히 암송학교를 개최해달라고 말도 못 꺼낼 상황이었다. 하지만 여운학 장로님은 등록 인원과 상관없이 곧장 엠마오교회로 달려와주셨다.

말씀이 빛이 되다

개척과 동시에 303비전성경암송학교를 개최하면서 여호수아에게 말씀하신 것처럼 말씀이 입에서 떠나지 않도록, 주야로 묵상하도록, 무엇보다 자녀들에게 부지런히 가르치는 것을 우선으로 하는 말씀암송 자녀교육을 목회의 가장 중요한 철학으로 삼게 되었다. 실내공사로 인해 먼지가 자욱했던 엠마오교회는 그렇게 다섯 명도 채 되지 않는 성도들과 함께 암송학교를 여는 것으로 출발할 수 있게 되었다.

학원이었던 100평짜리 상가를 임대해서 4개월 동안 철거와 실내 인터리어를 겨우 마쳤다. 부족한 중에 최선의 실내공사로 잘 마무리되었다. 하지만 기존의 중대형교회의 부교역자를 거쳐온 내 눈엔 너무나 초라하고 보잘것없어 보였다. '도대체 어떤 성도가 이런 곳에서 신앙생활을 하겠는가?' 하는 불만과 아쉬움이 가득했다.

303비전성경암송학교는 나의 그런 불평과 불만을 잠재우고 말씀이 교회를 비추는 빛이 되게 했다. 처음 교회를 개척할 때 느꼈던 두려움과 조롱 섞인 비웃음 같은 사탄의 흔적들은 온데간데없이 사라졌다. 어떤 조명으로도 그렇게 밝힐 수 없을 만큼 교회는 빛 가운데 있었다.

이건 나만의 감상적인 느낌이 아니다. 교회에 잠시 다녀가는 사람이나 방문하는 사람들 모두가 동일하게 느낀 것이 '교회가 너무 밝고 환하다'는 것이었다. 조명을 많이 달아서 그런 것이 아니다. 말씀은 나의 인생에도 빛이었지만, 교회를 개척하는 순간에도 빛이 되었다.

성도가 몇 명이 있든지 관계없이 교회는 밝았다. 왜냐하면 하나님은 빛이시고 그에게는 어두움이 조금도 없으시기 때문이다.

> 우리가 그에게서 듣고 너희에게 전하는 소식은 이것이니 곧 하나님은 빛이시라 그에게는 어둠이 조금도 없으시다는 것이니라
>
> 요일 1:5

개척하고 몇 달 동안 교회를 감싸던 모든 어둠이 떠나가고 말씀과 함께 온 교회는 환한 빛 가운데 머물 수 있었다.

말씀이 가장 큰 능력

하나님께서는 여호수아에게 가나안을 정복하기 위한 특별한 전투력과 동역자를 보내주지 않으셨다. 모세처럼 지팡이를 주셔서 바다를 가르게 하거나 반석에서 물이 나게 하지도 않으셨다.

광야에서는 회막을 중심으로 하나님의 임재 가운데 나아갈 수 있었으나, 가나안 땅에서는 길갈 들판에서 남쪽과 북쪽으로 정복 전쟁을 해야 하는 전투의 상황만 있을 뿐이다.

전쟁을 앞두고 두려움에 사로잡혀 있을 법한 여호수아에게 주신 하나님의 유일한 처방전은, 모세에게 주신 율법의 말씀을 굳게 붙들라는 것이었다. 바로 그 말씀이 가장 큰 능력이 되었다.

전쟁이 끝난 후에 여호수아는 이스라엘 백성에게 가나안에서 살아가기 위해 붙들어야 할 것을 최종적으로 전하고 있다.

> 그러므로 너희는 크게 힘써 모세의 율법 책에 기록된 것을 다 지켜 행하라 그것을 떠나 우로나 좌로나 치우치지 말라
>
> 수 23:6

전쟁을 앞두고 하나님이 여호수아에게 주셨던 유일한 처방전, 바로 그것을 여호수아는 다시 이스라엘 백성들 앞에서 선포하고 있는 것이다. 여호수아서는 첫 장과 마지막 장이 모두 '율법 책을 입에서 떠나게 하지 말며 그 가운데 기록된 대로 지켜 행할 것'을 명령하는 구조다. 가나안 땅을 정복하기 위해 전쟁을 앞둔 상황에서도, 이제 가나안 땅을 정복하고 그 땅에서 살아가야 하는 상황에서도 이스라엘 백성의 삶의 지침은 바로 하나님의 말씀이었다.

생각해보면, 오늘날 교회는 설교의 홍수 속에서 하나님의 말씀

이 풍성하게 전해지고 있다. 하지만 넘치는 설교에 가려져서 정작 성도들이 하나님의 말씀을 직접 가까이할 기회가 턱없이 부족한 것 같다. 말씀에 대해 말하는 것을 듣는 것으로는 부족하다. 직접 그 말씀을 가까이해야 한다.

말씀 앞에 머물게 하라

사도행전에 기록된 초대교회에 베뢰아 사람들에 대한 소개를 보면 다음과 같다.

> 베뢰아에 있는 사람들은 데살로니가에 있는 사람들보다 더 너그러워서 간절한 마음으로 말씀을 받고 이것이 그러한가 하여 날마다 성경을 상고하므로
>
> 행 17:11

베뢰아 사람들은 바울이 전하는 말씀(message)을 간절한 마음으로 받고 "그것이 그러한가 하여(examined) 날마다 성경(the Scriptures)을 상고"했다고 한다. 목회자의 설교는 성도들을 "그러한가 하여" 성경 앞에 머물도록 해야 하지만, 오늘의 설교는 성경을 펴기보다 성경을 덮게 만들고 있다. 쉬운 설교도 좋고 감동적인 설교도 좋다. 그러나 가장 능력 있는 설교는 설교가 끝난 후 성

도들로 하여금 성경을 펼치게 만드는 설교일 것이다.

나는 엠마오교회를 개척하면서 그동안 경험했던 모든 영적 체험과 사역의 경험, 그리고 전도와 구제에 대한 모든 사역들을 원점으로 돌려놓고 오로지 말씀 앞에 서고자 마음먹게 되었다. 다음세대 아이들에게는 성경을 심어주는 것이며, 장년 성도들에게는 자녀들을 위하여 부모가 먼저 말씀을 마음에 새길 것을 가르쳤다.

그러기 위해서는 목사인 나 역시 예외일 수 없었다. 신학교에서 아무리 풍부한 신학지식을 공부했다 하더라도, 성경을 해석하는 일과 말씀 자체를 마음에 새기는 일은 새로운 도전과 헌신이 필요했다. 한 절, 두 절 어린아이들과 함께 말씀을 암송하기 시작했다. 그리고 암송한 구절들을 깊이 묵상하면서 설교했다.

303비전성경암송학교의 유니게 과정에서는 1단계부터 5단계까지 단계별로 100절의 암송 구절이 엄선되어 있다. 또한 5단계까지 500절의 암송이 완료되면 추가로 500절을 더 암송할 수 있도록 말씀암송 일천구절이 준비되어 있다. 나는 일차적으로 성도들과 함께 3단계까지 암송하고, 그 후에는 5단계까지, 그리고 최종적으로 모든 성도가 일천 절의 말씀암송을 하는 것을 목표로 목회를 시작했다.

시작 단계부터 성도들과 함께 말씀이 입에서 떠나지 않도록 말씀암송을 지속했으며, 그 말씀이 마음에 새겨지도록 암송한 말씀을 꾸준히 묵상했다. 예배순서 중 교독문 순서 대신 유니게 1,2단계의 말씀을 짧게 끊어서 반복적으로 소리 내어 함께 읽었다. 새벽기도 시간에도 유니게 1,2,3단계의 말씀을 15-20절씩 매일 반복해서 읽은 후에 새벽말씀을 설교했다. 교회에서 행하는 모든 모임 순서에 항상 암송 시간을 두어 꾸준히 말씀 앞에 머물게 했고, 말씀이 스며들도록 했다.

하나님이 여호수아에게 주신 그 유일한 처방, 곧 '이 율법책을 네 입에서 떠나지 않게 하는 것'이 엠마오교회의 303비전 목회 철학이 되었다.

7

네 자녀에게
부지런히 가르치며

네 자녀에게 부지런히 가르치며
집에 앉았을 때에든지 길을 갈 때에든지 누워 있을 때에든지
일어날 때에든지 이 말씀을 강론할 것이며
신 6:7

한 분 하나님을 섬기는 하나님의 백성들은 마음과 뜻과 힘을 다하여 하나님을 사랑한다고 고백하지만 사랑을 표현하는 방법을 구체적으로 배우지는 못했다. 그러나 성경은 마음과 뜻과 힘을 다해 하나님을 사랑하는 방법도 진작에 알려주셨다.

우선적으로 부모세대들이 먼저 "오늘 내가 네게 명하는 이 말씀"(신 6:6)을 마음에 새기는 것이다. 하나님이 사랑하는 백성을 위해 주신 규례와 명령을 가까이하는 것이 하나님을 사랑하는 표현 방법이다.

그뿐만 아니라 마음에 새긴 하나님의 말씀을 부지런히 자녀들에게 가르쳐야 한다. 신명기 6장의 말씀에서 착안하여 '네 때 학

습법'이라고 명명했다. '집에 앉았을 때, 길을 갈 때'는 집 안과 집 밖을 의미하므로 '모든 장소'를 뜻하는 표현이다. 또 '누웠을 때, 일어날 때'는 밤과 낮을 의미하므로 '모든 시간'을 뜻하는 표현이다. 그러니까 모든 장소에서 모든 시간에 자녀들에게 하나님의 말씀을 강론하는 것이 마음과 뜻과 힘을 다하여 하나님을 사랑하는 것이란 말이다.

더 나아가 자녀들에게 말씀을 강론하기 위해 손목에 매어 기호를 삼고, 미간에 붙여 표로 삼고, 집 문설주와 바깥 문에 기록하라고 하신다.

하나님께서는 하나님 자신을 어떤 형상으로라도 보여주신 적이 없으므로 하나님을 사랑하는 사람은 어떤 형상이나 우상을 새겨서는 안 된다. 하지만 하나님은 구약시대 때부터 음성으로 그분의 말씀을 들려주셨다. 따라서 성경은 말씀이신 하나님을 마음에 새기고 자녀들에게 가르치는 것만이 하나님과 동행하는 길임을 명확하게 제시하고 있다.

신앙생활은 교회에 출석하여 예배드리고 봉사와 구제를 하는 종교생활이 아니다. 신앙생활은 우리에게 말씀하시는 하나님의 말씀을 붙들고, 매일 그 말씀대로 사는 것이다. 더 나아가 자녀들에게 그 말씀을 가르쳐 자녀들이 말씀대로 살도록 지도하는 것이다. 그것이 하나님을 향한 성도의 사랑이다.

자녀 신앙교육의 주체는 가정

설립 예배를 드리고 난 후, 집사님 한 분이 세 살 된 딸과 여섯 살 된 아들의 손을 잡고 오셔서 주일학교는 어떻게 하실 거냐고 물었다. 그 질문을 받고서야 자녀교육에 대해 생각을 정리하게 되었다. 나는 그 집사님에게 말했다.

"지금 엠마오교회는 아동부를 전담할 사역자도 없고, 저도 아동부를 맡아서 사역한 지 너무 오래되어서 제가 주일학교를 맡을 수도 없어요."

솔직한 심정이었다. 한 성도라도 아쉬운 상황이었지만 솔직하게 대답했다. 지금 주일학교는 없고, 앞으로도 주일학교가 세워지기 어려울 것 같다고. 그러면서 이렇게 덧붙이며 약속했다.

"대신 가정에서 부모가 직접 자녀들을 신앙으로 돌볼 각오가 있다면 교회가 전적으로 도와주겠습니다."

나는 그 집사님이 엠마오교회를 떠나 다른 교회로 출석할 줄 알았다. 그런데 그다음 주에도 계속 교회에 출석하는 게 아닌가. 심지어 막내는 등에 업고 첫째는 손에 잡고 새벽기도도 열심히 참석했다. 그래서 물어봤다. 주일학교가 없는데 두 아이를 데리고 교회에 계속 나오는 게 괜찮겠는지.

집사님은 뜻밖의 대답을 하셨다. 자신이 수고로이 낳은 아이들에게 좋은 신앙교육을 시키겠다고 이 교회 저 교회 찾아다니는 모습이 잘못되었다는 것을 깨달았다는 것이다. 직접 자녀들을 신앙으로 양육할 용기가 없었는데 교회가 도와준다고 하니 용기가 생겼고 한 목사님이라면 잘 도와줄 것 같았다는 것이다.

그렇게 가정예배를 드리기 시작한 두 남매는 3년 6개월여 만에 일천 절의 말씀을 암송하며 교회 안에서 훌륭한 모델이 되었고, 뒤이어 가정예배를 드리며 자녀들을 말씀으로 양육하는 여러 가정의 본이 되었다.

교회를 개척하고 303비전성경암송학교를 진행하는 동안 엠마오교회 목회에 대한 대부분의 그림이 완성되었다. 아동부를 비롯한 모든 자녀들의 신앙교육 주도권을 가정으로 돌려보내는 것이 무엇보다 중요하다는 것을 깨달았다.

다음세대를 위한 교회와 가정의 역할 분담

이슬비 장학생 시절 여운학 장로님은 일주일에 168시간을 보내는데, 주일에 한 시간 교회에 와서 배우면 얼마나 배울 수 있는가를 자주 물으셨다. 학교에서 보내는 시간, 학원에서 보내는 시간도 물론 적지 않지만 아이들은 태어나면서부터 대부분의 시간을 가정에서 어머니와 함께 보낸다.

그 시간을 뒤로 하고 일주일에 하루 교회에서 배우는 주일학교 시스템으로는 다음세대를 일으킬 수 없다는 것이다. 타이밍이 중요하고 가정에서 자녀를 말씀으로 일깨우는 것이 급선무라고 하셨고, 태교 때부터 말씀으로 잉태하고 출산하도록 격려하셨다.

한국에서 개척교회가 생존하기 어려운 이유 중 하나가, 교회학교를 비롯한 자녀교육의 시스템이 다른 교회에 비해 절대적으로 열악하기 때문이다. 어떤 부모가 자녀의 손을 잡고 교회학교 시스템이 전무한 개척교회에 다니겠는가? 자연스럽게 개척교회는 빠르게 고령화가 진행되고, 그러면서 문을 닫는 수순으로 흘러간다.

젊은 청년들을 데리고 교회를 개척하면 생동감이 넘칠 것 같지만, 한동안 열정으로 함께 교회를 섬기다가 결혼하여 가정을 꾸리게 되면 하나둘 자녀교육을 핑계로 대도시와 대형교회로 흡수되어 가버린다. 때로는 직장을 따라, 배우자를 따라 교회를 떠난다.

하지만 303비전성경암송학교에서 교육받은 대로 모든 자녀교육의 구심점을 가정과 부모에게 두고 난 후부터는 교회 안에서 '개척교회라서 자녀교육이 어렵다'라는 말이 사라지게 되었다. 오히려 작은 교회이기 때문에 자녀교육이 훨씬 탄력적이고 집중적으로 이뤄지는 모습을 보게 되었다.

자녀와 부모가 함께 가정에서 보내는 많은 시간 동안 부모들은 자녀들의 신앙교육에 매진해주고, 교회는 그런 부모들을 독려하여 가정에서 자녀교육을 잘할 수 있도록 꾸준히 부모교육을 해주는 것이다. 그것이 303비전성경암송학교의 핵심 가치다. 엠마오교회를 개척하고 나는 암송학교에서 가르쳐준 대로 자녀들은 집으로 돌려보내고 자녀들과 함께 가정예배를 드릴 수 있도록 부모를 독려하고 격려하는 일에 모든 에너지를 사용하게 되었다.

자녀와 함께 드리는 예배의 풍경

그리고 교회에서는 어린아이들과 어른이 함께 예배드릴 수 있
도록 매 주일 낮 예배를 전가족예배(Family Service)로 드리도록
전환했다. 어린아이들에게 부모님이 어떻게 예배를 드리는지, 은
혜받는 모습이 어떤 것인지를 직접 보여줌으로 어려서부터 신앙
의 습관을 들이도록 했다.

그러면서 비록 어린아이들이라 할지라도 부모님과 함께 어른
예배 양식대로 예배드림에 있어서 하나님의 말씀을 알아듣는 데
전혀 어색함이 없다는 것을 발견하게 되었다. 오히려 아이들이
산만한 듯 보였음에도 불구하고 강단에서 전하는 말씀을 훨씬 더
잘 귀담아듣고 오래 기억하고 있었다.

부모들에게는 아이들이 보고 있는 만큼 더 힘을 다해 은혜받는
모습을 보여주라고 권면했다. 아이들은 어른 예배에 놀랍도록 잘
집중했다. 아동부 모임에서 떠들고 장난치던 모습은 온데간데없
었다. 설교 노트를 적는 부모의 모습을 보고 아이들도 필기도구
를 달라고 하더니 그림으로 설교내용을 표현하기도 하고, 어른들
보다 훨씬 뛰어난 집중력으로 설교를 요약해서 정리하기도 했다.

예배 중 어린아이들이 울거나 소란하게 하는 경우, 예배가 잠

시 중단되더라도 그 아이를 축복하며 인내하고 함께 기다려달라고 다른 성도들에게 부탁했다. 그리고 부모들에게는 아이들이 보채거나 우는 경우엔 신속히 뒤편으로 데리고 나가서 아이를 진정시킨 후에 다시 데려오도록 권면했다.

그런 과정에서 어른 성도들은 아이들에게 더 관심을 갖게 되었고, 사랑스런 눈빛을 주고받으며 아이들을 축복하게 되었다. 아이들이 어른들과 함께 있는 것을 어색해하지 않을 뿐 아니라 어른들과 대화하고 토론하기도 하며 함께 식사하는 좋은 관계로 발전될 수 있었다.

어린아이들이 내게로 오는 것을 금하지 말라고 하시던 예수님은 진작에 이런 상황을 알고 계셨던 것이다!

> 예수께서 보시고 노하시어 이르시되 어린 아이들이 내게 오는 것을 용납하고 금하지 말라 하나님의 나라가 이런 자의 것이니라
>
> 막 10:14

자모에게 예배를 허하라

주일 낮에 어른들을 위한 예배는 사실 예배드리는 어른들과 말씀을 전하는 목회자가 방해받지 않기 위하여 어린이들을 다른 곳에 맡겨둔 예배에 지나지 않는다. 아동부 예배를 가보면 시끄럽

고 돌아다니고 요란하게 예배드리지만, 그것이 예배가 아니라고 말하는 사람은 아무도 없다. 그런데 왜 어른 예배에서만 유독 조용해야 하는가?

어른 예배에 어린아이들을 데리고 오면 자모실로 가야 한다. 자모실은 자모를 위한 편의시설이 아니었다. 본당에 있는 어른들을 위한 격리시설이 자모실이다. 자모들이 자모실에서 본당의 은혜를 사모하는 3년 가까운 시간 동안 어머니는 영적으로 침체한다. 그러다 아이가 좀 자라서 유아부에 보내고 본당 예배를 사수하려 하면 둘째가 생기고, 또 셋째가 생긴다. 이렇게 세 아이를 임신하고 출산하고 양육하는 동안 10년이란 세월을 아이의 어머니는 체력의 고갈과 함께 영적으로 침체되어 영혼의 바닥을 치게 되는 것이다.

한국교회가 급성장하는 동안 교회는 자모실 시설을 통해 자모들의 편의를 도모하는 데 막대한 재정을 쏟아부었다. 하지만 그 과정에서 자모들은 본당에서 누리는 예배의 영광에서 소외되고, 출산과 육아로 바닥난 체력을 끌어올릴 영적인 힘조차 얻지 못한 채 10여 년을 자녀들과 시름하며 교회로부터 멀어지게 되었다. 결국 교회는 다음세대와 어머니 세대를 모두 잃게 되는 위기 앞에 서게 되었다.

교회가 고령화되었다면 그 원인을 낮은 출산율 때문이라고만 진단해선 안 된다. 주일학교 교육의 위기로만 보아서도 안 된다.

담임목회자와 중대형교회들이 젊은 어머니와 자녀들을 예배의 중심에서 변방으로 밀어내버린 결과다.

교회를 개척하면서 한국교회 다음세대의 위기에 대한 심각한 문제가 여기에 있다는 것을 깨닫게 되었다. 교회는 다음세대와 다음세대 출산과 양육의 최전선에 있는 부모세대를 격려하고 신앙으로 양육할 수 있도록 전폭적인 구조 개혁을 할 필요가 있다.

엠마오교회는 전 교인이 집중해서 주일 낮 예배를 함께 드리는 시간을 통해 자연스럽게 가족을 통합하고 교회를 통합하는 통합교육이 가능하게 되었다. 자녀들이 예배에 몰입하고, 그런 세월을 부모님과 함께 보내는 동안 가족에게 있어서 주일예배가 가족이 함께하는 즐거운 전통이 될 수 있었다.

부모는 아이들의 영적인 성장 과정을 함께 지켜보면서 신앙교육에 직접 참여하게 되었다. 주일예배를 마치고 나면 함께 식사를 하고 난 후에 어른과 아이들이 나뉘어서 말씀을 암송하고 묵상하는 소그룹 시간을 갖게 된다.

지금도 엠마오교회는 아동부나 중고등부라고 할 만한 전통적인 모양의 주일학교 예배 모임은 없다. 모든 자녀가 부모님과 주일 낮 예배를 함께 드리는 것을 문화로 만들어가고 있다.

가정의 신앙 전수가 부모와 자녀가 함께하는 예배를 통해 자연스럽게 이뤄지고 있다.

8

사랑이 없으면
아무것도 아니다

내가 사람의 방언과 천사의 말을 할지라도 사랑이 없으면
소리 나는 구리와 울리는 꽹과리가 되고
고전 13:1

교회 차원에서 303비전을 실천하기 위해 유니게 과정 1단계부터 5단계까지의 말씀을 암송하면서 묵상한 내용들을 설교하기로 했다. 303비전성경암송학교에서 제일 먼저 암송하는 말씀은 고린도전서 13장 말씀이다.

그래서 가장 먼저 고린도전서 13장 1절부터 13절까지의 말씀을 한 절 한 절 강해하며, 모두 18차례에 걸쳐 설교했다. 소위 '사랑장'이라고 알려져 있는 유명한 구절들을 설교하면서 나는 감당할 수 없는 사랑에 대한 눌림으로 견딜 수가 없었다.

사도 바울은 고린도교회의 은사 문제를 설명하면서 고린도전서 12장부터 14장까지 다양한 은사를 소개하고 있다. 그 중간인

고린도전서 13장에서 사랑을 언급하고 있는데, 바로 앞 절인 고린도전서 12장 31절에서 "너희는 더욱 큰 은사를 사모하라 내가 또한 가장 좋은 길을 너희에게 보이리라"라고 하면서 시작하는 것이 '사랑장'이다.

사도 바울은 사모해야 할 가장 큰 은사로 사랑을 들었다. 그런데 나는 목회하면서 사랑이 얼마나 위대한 능력이 되는지, 왜 가장 사모해야 할 은사인지 도무지 체험해보지도 못한 채 다양한 은사만 체험하기를 사모했던 것 같았다.

가장 많이 쓴 표현이 "사랑한다"라는 표현이었으나 사랑의 본질을 몰랐으며, 무엇이 사랑인지도 몰랐다. 성도들을 사랑한다고 생각했다. 가족을 사랑한다고 생각했고, 교회를 사랑한다고 생각했다. 그러나 사랑장을 강론하면서 여지없이 무너져버린 나의 얕은 사랑 담론에 나는 목회자로서 너무나도 부족한 존재임을 발견하게 되었다.

사랑장에 무너지다

사랑장을 암송하고 한 절 한 절 설교할 때마다 사랑의 속성을 성령께서 깨닫게 하시는데, 매번 강단에서 흘러내리는 눈물을 주체할 수가 없었다. 하나님의 사랑이 얼마나 큰지 그 사랑을 소개하면서 울었고, 그런 사랑을 하지 못하고 있는 나 자신의 처량함에 울었다.

두 달여를 울면서 설교하다가 결국은 강단에서 목회를 못 하겠다고, 성경이 말하는 사랑이 이런 건 줄 알았더라면 나는 목사가 되지 않았을 것이라고 말했다. 그리고 그런 사랑을 하지 못하는 나 자신을 한탄하면서 사랑장이 끝나는 날 교회를 그만둘 테니 후임 목회자를 알아봐달라고 부탁하고 강단에서 내려와 기도원으로 올라갔다.

두 주간 교회에 가지 않고 기도원에 머물렀다. 그때 교회에 있던 성도들은 표현도 못한 채 함께 울고 있었다. 시간이 한참 지나서 그때의 일을 회상하는 것을 들었다. 성도들도 내가 강단에서 내려오던 그날을 기억하고 있었다. 초등학교 5학년이던 경태는 그날 예배를 마치고 엄마랑 손잡고 집에 가는 길에 이제 어느 교회에 가야 하냐면서 엄마랑 울었던 기억을 내게 말하곤 한다.

사도 바울은 사랑에 대한 열다섯 가지 특징을 소개하기 전에, 고린도전서 13장 1-3절에서 사랑의 절대적 필요를 선명하게 선을 그어 보여준다.

사랑이 없으면 아무리 아름다운 말을 해도 요란하며, 아무것도 아니며, 아무 유익도 없다. 다시 말해서 모든 것은 사랑이 있고서야 비로소 의미가 있는 것이다. 방언도 필요하다. 천사의 말도 필요하다. 예언, 지식, 능력, 믿음, 구제가 필요 없다는 말이 아니다. 모두 필요한 것들이다. 그러나 순서가 있었다. 사랑이 있어야 한다. 사랑이 없으면 아무것도 아무 의미가 없다.

나는 성령 없는 목사처럼 사랑 없는 목회를 했던 것이다. 성도들이 미울 때가 더 많았고, 세상과 사람들을 향한 상한 마음이 더 컸었다. 그러니 사랑 없이 그동안 내가 했던 모든 설교가 무슨 소용이 있었을까.

열정이 깨지고 사랑이 채워지다

목사는 말을 많이 하는 자리에 있다. 강단에서 30~40분 동안 성도들을 앉혀두고 설교를 한다. 성도들은 대꾸도, 질문도 하지 못하고 듣고만 있어야 한다. 때로는 '아멘'을 강요당하기도 한다. 그 많은 시간 동안 내가 하고 싶은 말을 융단폭격하듯 쏟아부었다. 내가 원하는 모양의 성도들을 만들기 위해 설득력 있는 표현들을 총동원하여 언어폭력을 행사했을 수도 있었을 것이다.

나는 강단에서 정의를 부르짖으며 분노를 표출하기도 했고, 타인의 악을 정죄하면서 나의 의를 드러내기도 했다. 소리 나는 구리였다. 울리는 꽹과리였다.

왜 오순절 날 성령 충만의 역사가 나타났을 때 불의 혀와 같이 갈라지는 것들이 각 사람 위에 하나씩 임하였는지 알 것 같았다. 성령 받으면 언어가 바뀐다는 것을, 성령은 우리의 언어를 사랑으로 바꾼다는 것을 알았다. 나는 성령의 지배를 받는다고 하면서도 가장 제어하기 어려운 입술은 내 마음대로 사용했던 것 같다.

마음에 있는 소리를 강단에서 거침없이 쏟아내던 젊은 목회자의 열정이 하나님의 사랑을 경험하면서 산산조각 나기 시작했다. 하나님께서는 그 입술의 말씀으로 세상을 만드셨지만, 나는 내 입술의 말로 성도들에게 상처와 아픔만 준 것 같았다.

고린도전서 13장을 암송하고 있노라면 그때의 일이 지금도 생생하게 떠오른다. 사랑 없이는 목회할 수 없다고 기도원 꼭대기에 올라가서 엉엉 울었다. 내게 주신 사랑을 어떻게 표현할지 잘 모르겠다며 울었다.

성도들이 기도원으로 따라 올라왔다. 그리고 내 손을 잡고 다시 강단에 세워주었다. 그 사랑, 이제부터 연습하면서 실천해보자고 나를 품어주었다.

사랑이 충분하지 않았다

그날 이후로 사랑이 새로워졌다. 예수님은 "새 계명을 너희에게 주노니 서로 사랑하라"라고 말씀하셨다. 그러나 "서로 사랑하라"라는 계명은 새 계명이 아니다. 모세의 율법에서도 하나님을 사랑하고 이웃을 사랑하라고 가르쳐왔고, 예수님도 서기관들에게 그렇게 말씀하셨다.

그런데 어떻게 이것이 새 계명이 될 수 있는가?

새 계명을 너희에게 주노니 서로 사랑하라 내가 너희를 사랑한 것 같이
너희도 서로 사랑하라

요 13:34

'사랑'이라는 이름은 같지만, 본질이 바뀐 것이다. 나도 말씀을
암송하며 당연한 듯 여겨왔던 사랑이 새로워졌다. 성도들이 달라
보였다. 교회가 달라 보였다. 4년여를 개척 목회를 하면서 삶도,
목회도 지칠 대로 지친 나는 성도들을 때로 미워했고 야속하다고
생각한 적도 있었다. 우리 아이들이 중학교에 다니고, 고등학교
에 다니는데 관심 없어 보이는 성도들을 향해 서운한 마음을 가
진 적도 있었다.

그런데 사랑의 말씀이 들어온 후, 내가 내게 있는 모든 것으로
구제할지라도 더 쏟아부어 구제해도 아깝지 않다는 생각이 들었
다. 성도들이 고마웠다. 얼굴을 볼 수 있는 것만으로도 고마웠다.
교회를 오는 성도들에게 돈 봉투를 두둑이 채워서 손에 쥐어 보
내고 싶을 정도였다.

사랑이 없는 것이 아니라 충분하지 않았던 것이었다. 나무가
시들어서 죽는 이유는 물이 부족해서가 아니다. 한번 물을 줄 때
충분히 줬어야 하는데, 매일 물을 주면서 조금씩 주기 때문에 나

무는 갈증이 나서 말라 죽는다. 우리가 사랑을 하기는 하는데, 충분한 사랑을 하지 못하기 때문에, 사랑의 겉핥기만 하기 때문에 사랑에 굶주리게 되는 것이다.

충분한 사랑의 의미를 알 것 같았다. 예수님이 피 한 방울 남김 없이, 마지막 호흡 하나 아낌없이 우리에게 주시고 다 이루신 충분한 사랑을 소개한 것이 고린도전서 13장이었다.

말씀이신 하나님은 사랑이시다

18주간 고린도전서 13장을 암송하며 사랑의 15가지 속성을 하나씩 설교해갔다. 그러면서 말씀이 글과 말로 암송되는 것이 아니라 사랑에 젖어들고 있었다. 그리고 성도들의 사랑은 부부에게, 부모와 자녀에게, 이웃에게, 성도들 사이사이로 흘러가게 되었고, 오늘의 교회를 이루는 가장 큰 원동력이 되었다.

그날 이후로 성경에서 들리는 모든 소리는 하나님의 사랑의 메시지가 되었다.

일천 절을 암송한 한 학생이 스물두 살이 되어 이런 문자를 보내왔다.

"목사님, 말씀을 암송해서 참 좋기도 했지만 때로는 구절이 너무 많아서, 천 절을 암송하는 게 버거워서 엄마에게 투덜댔던 적도 많았어요. 그런데 철이 들고나서 보니 하나님께서 내게 하고 싶은 말씀이 이렇게 많았구나 싶어서 이제는 하나님의 음성이 더 듣고 싶어진답니다."

말씀이 하나님의 사랑의 음성으로 들린다면 암송하는 게 부담스러울 리가 없다. 더욱 말씀을 읽고 싶고, 듣고 싶고, 더 많은 말씀을 암송하고 싶어진다.

사랑 없이도 말씀을 암송할 수 있다. 사랑이 없어도 목회를 할 수 있다. 사랑이 없어도 부모가 될 수 있고, 부부가 될 수 있다. 그러나 사랑이 없기 때문에 아무것도 되지 않는다. 말씀은 사랑하고서야 내 마음에 모실 수 있게 된다.

나는 그 사랑을 알고 나서야 목회를 할 수 있게 되었다. 말씀하시는 하나님은 사랑이시다.

9

어린아이의 입으로
교회를 세우시다

주의 대적으로 말미암아 어린아이들과 젖먹이들의 입으로 권능을 세우심이여
이는 원수들과 보복자들을 잠잠하게 하려 하심이니이다

시 8:2

교회를 개척하고 4년 동안 열심히 말씀암송을 하면서, 말씀암송과 자녀교육에 매진하는 교회는 부흥하고 성장할 것이라고 생각했다. 하지만 오히려 말씀암송이 부담스러워서 교회에 오기 어렵다는 반응이 훨씬 많았다. 목회자도 좋고 교회도 좋은데 엠마오교회에 다니려면 말씀을 암송해야 한다는 것이 부담스럽다는 성도들이 제법 있었다.

성경 말씀을 사랑하는 것이 성도의 본분이고 신앙생활과 말씀생활이 분리되지 않아야 한다는 것을 잘 알면서도, 정작 말씀생활을 실천하는 것에는 부담을 느낀 것이다. 그렇다고 우리 교회가 말씀암송을 지나치게 강조한다거나 압박감을 주는 것도 아니

었다. 자녀들에게조차도 말씀암송은 하나님을 향한 사랑의 고백이므로 즐겁고 신나게 하도록 권하고 있는데도, 말씀암송을 부담스러워하는 성도들의 반응에 충격이 컸다.

말씀암송 자녀교육을 목회 철학으로 삼아 열심히 사역했지만, 사역의 열매가 기대했던 것과는 반대로 교회를 향한 성도들의 부담이라니. 자녀들이 말씀을 암송하는 것은 좋은 일이라고 하지만, 정작 부모세대에서는 부담스러워하고 거리낌이 되다 보니 상가에서 시작한 개척교회는 날이 지날수록 현실적인 어려움을 겪을 수밖에 없었다.

상가(商街:상점이 죽 늘어서 있는 거리)에서 시작된 교회는 상가(喪家:초상난 집)로 끝난다고 했던가? 상가에서 시작한 교회는 2년마다 다가오는 임대료 인상으로 큰 부담을 안게 된다. 임대료 인상을 감당할 수 없으면 임대료에 맞게 이사를 가야 하는데, 장소도 구하기 힘들 뿐 아니라 실내공사에 드는 경비가 너무 많아서 어쩔 수 없이 임대료를 올려주며 머물게 된다.

그렇기 때문에 2년 안에 재정적으로 안정되지 못하면 그 상가의 교회는 현실적인 어려움에 고사를 당할 가능성이 높다. 엠마오교회도 그런 위기의 상황들을 똑같이 경험하고 있는 중이었다. 4년 동안 교회로부터 목회자의 생활비조차 기대할 수 없는 상황이 지속되었고, 매월 돌아오는 월세 부담에 교회는 힘겨운 나날을 보낼 수밖에 없었다.

7세 아이의 손으로 그려주신 교회의 조감도

어느 날, 한 가정이 말씀암송가정예배를 드리는 중에 시편 8편 1-9절을 암송하게 되었는데, 일곱 살 난 아이가 시편 8편의 말씀을 암송하며 그 말씀을 듣고 일기장에 한 장의 그림을 그려서 들고 왔다.

여호와 우리 주여 주의 이름이 온 땅에 어찌 그리 아름다운지요 주의 영광이 하늘을 덮었나이다 주의 대적으로 말미암아 어린 아이들과 젖먹이들의 입으로 권능을 세우심이여 이는 원수들과 보복자들을 잠잠하게 하려 하심이니이다 주의 손가락으로 만드신 주의 하늘과 주께서 베풀어 두신 달과 별들을 내가 보오니 사람이 무엇이기에 주께서 그를 생각하시며 인자가 무엇이기에 주께서 그를 돌보시나이까 그를 하나님보다 조금 못하게 하시고 영화와 존귀로 관을 씌우셨나이다 주의 손으로 만드신 것을 다스리게 하시고 만물을 그의 발 아래 두셨으니 곧 모든 소와 양과 들짐승이며 공중의 새와 바다의 물고기와 바닷길에 다니는 것이니이다 여호와 우리 주여 주의 이름이 온 땅에 어찌 그리 아름다운지요

시 8:1-9

시편 8편은 물맷돌로 골리앗을 넘어뜨린 후에 어린아이 같은 자기를 들어 골리앗을 넘어뜨린 하나님을 찬양한 다윗의 고백이

다. 다윗은 들판에 서서 온 땅을 바라보며 여호와 주 하나님의 이름을 찬양한다. 어린아이들과 젖먹이들의 입으로 권능을 세우신 하나님께 영광을 돌렸다. 사람이 무엇이기에 주께서 그를 생각하시며 인자가 무엇이기에 주께서 그를 돌보시는지 다윗은 감격의 노래를 하나님께 드렸다.

그 말씀을 암송하며 이 일곱 살 아이는 이런 그림을 그렸다. 이 그림을 들고 와서는 이렇게 얘기하는 게 아닌가?

"목사님, 말씀을 암송하며 그림을 그렸어요. 그리고 이렇게 기도했어요. '하나님, 어린아이인 나의 기도를 들으시고 원수들과 보복자들을 잠잠케 하셔서 우리에게 건물 하나 주세요. 우리 이사 안 다니고 싶어요.'"

아이의 설명을 듣는데 눈물이 앞을 가려 그림을 제대로 볼 수가 없었다.

나는 어린아이의 기도를 들어달라며 이 물맷돌 같은 한 폭의 그림 위에 손을 얹고 눈물로 기도했다. 이 건물이 엠마오교회의 조감도가 되게 해달라고.

땅이 생겼다!

놀라운 일이 일어났다.

이 그림을 보고 기도한 지 한 달도 되지 않은 날, 2011년 4월 엠마오교회 설립 4주년을 앞두고 상가교회 바로 앞 공터의 땅 주인과 조우하게 된 것이다. 땅 주인은 술을 유통하는 주류회사 사장이었다. 약 168평의 땅을 매입해서 성인 나이트클럽을 계획하고 있었으나, 길 건너편에 새롭게 세워진 어린이집 때문에 허가가 취소된 상태로 건축 관련하여 구청과 행정소송 중이었다.

6억 원을 대출받아 땅을 매입했지만, 자신이 원하던 대로 건축을 진행할 수 없게 된 땅 주인에게 그 땅은 매달 이자 부담으로 골치 아픈 곳이 되었다. 그러다가 내가 그곳을 지나면서 무심코 "이런 땅 있으면 참 좋겠다"라고 했던 말이 땅 주인의 귀에 전해지면서 만남이 성사되었다.

은행에 도장만 들고 일단 와보라는 소식에 설마 하는 마음으로 가보았다. 당시 우리는 땅을 구입할 재정적인 형편이 전혀 안 되었을 뿐 아니라 계약금조차 한 푼도 없었던 상황이었다. 그냥 혹시나 하면서 얼굴이나 보자는 마음으로 은행에 갔다.

땅 주인은 우리의 형편은 묻지도 따지지도 않고 그냥 그 땅을 매입하라고 했다. 그 땅에 대출금이 6억 원이 있는데, 대출명의를 엠마오교회가 가져가면 나머지 잔금 2억 9천만 원은 6개월 후에 지급해도 되니 바로 그 자리에서 등기를 넘겨준다는 것이었다.

귀를 의심했다. 8억 9천만 원이나 되는 땅을 계약금 한 푼도 주지 않고 계약을 하고 바로 그날 교회가 그 땅의 주인이 된다는 것은 있을 수 없는 일이었다. 그런데 주머니에 넣어간 인감도장을 달라고 하더니 그 자리에서 계약서를 쓰고 법무사가 명의를 바로 넘겨 엠마오교회가 땅을 구입하게 되었다. 은행 대출금 6억 원에 대한 이자만 지급하면서 6개월간 잔금 2억 9천만 원을 지급하면 땅의 소유권은 완전히 교회가 갖게 되는 것이었다.

기적적으로 땅을 구하게 되었다. 꿈만 같았다.

하나님께서 어린아이의 한 번의 기도를 얼마나 크게 긴급하게 들으셨는지 엠마오교회를 둘러싸고 급박하게 돌아가고 있는 주변 상황이 신비롭게 느껴졌다. 하지만 6개월 동안 2억 9천만 원의 잔금을 마련해야 했고, 또 6억 원에 해당하는 대출금의 이자를 매달 갚아야 했다.

땅을 구입한 지 일주일 만에 부동산에서 연락이 왔다. 교회 앞 대형매장에서 교회 부지의 땅을 4개월간 주차장으로 임대해달라는 요청이 들어왔다는 것이다. 주차장을 증축해야 해서 공사하는 동안 인근 공터를 주차장으로 사용해야 하는데, 우리가 구입한 그 땅을 주차장으로 4개월간 임대해달라는 것이었다. 400만 원의 사용료를 받고 땅을 주차장으로 임대해줬고, 우리는 그 돈으로 6억에 대한 이자를 충당할 수 있었다.

6개월이 지나 임대로 있던 상가교회의 전세금을 빼고 여기저기서 대출을 내어 땅에 대한 잔금을 겨우 지급하고 지금의 땅을 완전히 소유하게 되었다. 땅이 있다는 것만으로도 이렇게 좋을 수 있을까? 이사를 다니지 않아도 되었고 임대료를 올려주지 않아도 된다는 위안을 누리며 텅 빈 땅만 바라보고 있어도 흐뭇했다.

7살짜리 아이의 기도를 들으신 하나님을 묵상하면 시편 8편이 저절로 암송된다.

맨땅에서 맺은 전세 계약

여기서 끝이 아니었다. 하나님께서는 교회에 땅을 주시고 더 나아가서 건축하는 일에도 직접 역사하셨다. 땅이 있어서 좋지만 대출이자도 마련해야 했고, 언제일지 모르는 건축의 과제도 부담으로 안게 되었다.

매일 새벽기도를 마치면 교회 바로 앞에 있는 땅을 밟으면서 시편 말씀을 암송하며 기도했다. 건축할 여력이 전혀 없는 상황이다 보니 천막을 치고 예배를 드릴 생각도 했었다. 그것만으로도 충분히 감사했다. 어떻게 우리 교회가 땅을 갖게 되었는지 어리둥절할 뿐이었다.

땅을 구입하고 1개월 정도 지났을 무렵, 축산도매업을 하는 황 사장이란 분이 찾아왔다.

"혹시 이 땅에 건축할 계획이 있으십니까? 제가 한 층을 임대

얻어서 이 자리에서 한우구이 식당을 하고 싶습니다."

아직 건축도 하지 않은 빈 땅에 식당으로 임대를 얻겠다고 찾아온 그가 너무 의아했다. 나는 솔직하게 대답했다.

"아직 건축할 엄두도 내지 못하고 있고, 설계 도면도 없고, 건축할 여건도 되지 않기 때문에 어려울 것 같습니다."

황 사장은 내가 목사인 줄 이미 알고 있었고, 우리가 어떤 과정으로 이 땅을 매입했는지에 대해서도 다 알고 있었다. 그러면서 여기에 교회를 지으려고 하는 줄 알고 있는데, 건물을 3층으로 지어서 아래층을 임대해주면 한우 식당을 제대로 해보고 싶다고 말했다.

나는 우리 형편과 사정을 다시 말해주고 우리는 아직 3층짜리 건물을 건축할 엄두도 내지 못할 형편이라고 알렸다. 그랬더니 자기가 전세 보증금을 넉넉하게 줄 테니 그 돈으로 건축을 해달라는 게 아닌가. 건물도 없는 빈 땅에 설계 도면 한 장 없는 현장에서 나는 황 사장과 전세 계약을 맺었다. 전세금 5억에 준공이 끝나면 월세 150만 원을 주겠노라고 계약했다.

계약과 동시에 계약금으로 6천만 원을 송금받았다. 심장이 두근거렸다. 꿈인지 생시인지 모를 믿기지 않는 일이 계속 일어나고 있었다.

돈을 받았으니 우리는 곧장 설계에 들어갔고, 4개월 만에 공사를 끝내고 303비전센터에 입당하게 되었다. 아래층을 임대한 황 사장은 어차피 자기들이 실내공사를 새롭게 해야 하니까 아래층은 준공에 필요한 기초 공사만 하고 내외부 공사는 최소한으로 해달라고 했다. 그래서 1,2층은 골조 공사만 했다. 공사비가 절감되는 것도 고마운데 매월 1억 원씩 중도금을 꼬박꼬박 주어서 공사를 마칠 때까지 재정적인 어려움도 전혀 느끼지 못할 정도로 은혜롭고 순조로운 공사 현장이었다.

"네가 해라"

공사는 종합건축을 하시는 서성로교회 선배이신 여인환 집사님이 맡아서 해주셨는데, 마침 그때 여 집사님의 집이 엠마오교회와 가까워서 우리 교회로 새벽기도를 꾸준히 나오고 계셨다. 그래서 나는 편히 교회 공사를 부탁드렸는데, 여 집사님은 여러 가지 일정과 개인 사정으로 교회 건축을 할 상황이 아니라고 말씀하셨다.

그런데 어느 날 여 집사님이 찾아오시더니 "목사님, 제발 '주여' 좀 하지 마세요"라고 하시며 공사를 맡겠다고 하시는 게 아닌가. 말씀을 들어보니 하나님이 여기에도 개입하셨다.

여러 사정으로 공사를 거절하고 새벽기도를 드리는데, 내가 강단 뒤에 엎드려서 작은 소리로 '주여' 하고 읊조리며 기도하면 맨 뒤에 앉아서 기도하는 집사님의 귀에 '네가 해라'로 계속 메아리

친다는 것이었다. 하나님이 계속 '네가 해라'라고 말씀하시니 견딜 수가 없다면서 결국 교회 공사를 전적으로 맡아서 진행하게 되었다.

그렇게 공사를 마치고 여 집사님은 자기가 건설회사를 운영하면서 이렇게 날씨까지도 순조롭고 순탄하게 진행되는 것을 처음 경험해보았다며 눈물 어린 간증을 하시기도 했다.

이 모든 일이 어린아이들과 젖먹이들의 입으로 권능을 세우시는 하나님의 역사로 이루어졌다! 어린아이들의 기도를 들으시는 하나님의 역사는 실로 놀라웠다. 하나님은 작은 부르짖음에도 크게 응답하시는 분이시다.

03

다음 세대로
흘러가는
하나님
말씀

ROMANS 8 : 28

10

다음세대가
땅끝이다

오직 성령이 너희에게 임하시면 너희가 권능을 받고
예루살렘과 온 유대와 사마리아와 땅끝까지 이르러
내 증인이 되리라 하시니라

행 1:8

나는 선교사가 꿈이었다. 고등학교를 졸업하고 대학에서 중국어를 공부한 이유도 중국 선교를 꿈꾸었기 때문이다. 신학대학원을 다닐 때도 오로지 중국 선교사가 되기 위해 열심을 냈다. 선교사가 되기 위해서는 교회의 파송과 교단 선교부에 소속되어야 했기 때문에 담임목사님에게 선교사가 되려고 한다는 비전을 분명히 밝히고 사역에 임했다.

그러나 생각보다 파송이 쉽지 않았다. 교회의 형편과 여건을 기다려야 했고, 교회는 선교사를 파송하기 위해 충분한 준비를 갖춰야 했다.

드디어 기회가 되어 선교사로 파송 받을 수 있게 되었을 때, 담임목사님이 이런 제안을 해주셨다.

"한 목사는 이미 중국어를 전공해서 언어를 배우는 시간도 절약했고, 선교지에 가서 사역할 때 신학을 가르치는 사역을 했으면 하는데 그러려면 영어권에서 공부를 좀 더 하고 중국으로 가는 것이 어떨까?"

선교지에 가면 초기 2,3년 정도는 현지 언어를 습득하며 시간을 보내야 하는데, 나는 이미 중국어를 공부하여 그 시간을 벌었으니 영국에서 2,3년간 공부를 할 수 있으면 더 좋겠다고 생각하신 것이다. 나는 기꺼이 제안을 받아들였고, 중국 선교를 위해 먼저 영국으로 파송을 받게 된 것이다. 그렇게 영국 유학 생활이 시작되었다.

선교의 꿈으로 부풀었던 유학 시절

나는 하나님께서 영국에서 공부할 수 있는 기회를 주셨다고 생각했다. 그래서 감사한 마음으로 열심히 공부했다. 그러면서도 중국에 대한 마음을 잃지 않으려고 정기적으로 중국인 유학생들과 만나 성경공부와 식사 모임을 했다.

영국에서 보낸 2년 8개월의 기간은 우리 가정에 선물과 같은 시간이었다. 교회 사역으로 돌아보지 못했던 아내와 자녀들이 비로소 눈에 들어왔다. 그동안 얼마나 많이 숨죽이고 지내왔는지,

어떤 눌림 속에 있었는지 알게 되었고, 그 기간 동안 하나님은 가정과 자녀에 대한 내 시야를 새롭게 해주셨다.

또한 출석하던 영국교회에서 다음세대와 교회 공동체에 대한 새로운 목회 패러다임에 눈을 뜨게 되었다. 이미 교회적으로 위기를 맞이한 영국과 유럽의 교회라고 하지만, 전통적으로 자녀들을 잘 돌보고 훈련하고 양육하는 교회는 여전히 성장하고 있었다. 나는 그런 교회 중 한 교회의 구성원이 되어 자녀들을 양육하는 부모의 태도와 교회적 관심과 돌봄을 직접 보고 배울 수 있었다.

공부가 끝나갈 무렵 나를 파송해준 교회의 담임목사님이 사임하신다는 소식과 함께 나에 대한 파송 계획이 전면 무효가 되었다는 청천벽력 같은 소식이 들려왔다.

급하게 한국행 비행기를 타고 대구로 돌아왔으나, 담임목사님은 이미 다른 교회로 부임이 확정되어 있었고, 섬기던 교회는 담임목사님의 갑작스러운 사임으로 나에게 관심을 기울일 여유가 없었다.

공부를 다 마치지 못한 상태에서 한국으로 돌아온 우리 가족은 파송교회로 돌아갈 수도 없었고, 출석할 수 있는 교회도 없었다. 선교를 위해 준비했던 시간, 영국에서 공부했던 그동안의 시간들이 물거품처럼 의미 없게 느껴지고, 깊은 상처로 남았을 때 엠마오교회는 시작되었다.

선교의 꿈이 교회 개척으로

교회를 개척하면서 가장 마음이 걸렸던 것이 바로 선교에 대한 부담감이었다. 고등학교 시절부터 꿈꿔온 중국 선교를 포기하는 것이 쉽지 않았다. 열심히 공부한 중국어도 무의미하게 되어 버린 것 같았다. 그래서 엠마오교회를 개척한 지 2년 만에 중국 심천에 있는 한인교회를 맡아 심천 엠마오교회라는 이름으로 목회를 시작했다.

중국에는 50여 명의 한인 성도들이 모여 있었고, 나는 대구와 중국을 오가며 중국 사역을 시작했다. 한 달에 2주는 대구에서 엠마오교회를 섬겼고, 2주는 중국에서 심천 엠마오교회를 섬겼다. 두 교회 다 50명 안팎의 미자립 상태의 교회였기 때문에 다른 사역자를 청빙할 여건이 되지 않았다. 대구에 있는 엠마오교회에 에너지를 집중해도 모자랄 때 1년 동안을 중국과 한국을 오가며 목회를 한 것이다. 가장 큰 이유는 중국 선교에 대한 비전이 여전히 미련으로 남아 있었기 때문이었다.

그렇게 1년을 중국에 오가면서 매번 드는 항공료도 감당하기 어려웠지만, 한국과 중국 모든 성도들에게 불안감만 가중시키고 있다는 생각을 하게 됐다. 심천 엠마오교회는 내가 대구 엠마오교회를 1년 안에 정리하고 중국으로 와서 정착할 것이라는 기대감을 갖고 있었고, 대구 엠마오교회는 내가 중국 선교에 꿈이 있는 줄 알고 있었기 때문에 언제라도 중국으로 훌쩍 떠나버릴 것 같은 불안감을 가지고 있었다. 내가 중국행 비행기를 탈 때마다 이제 가면 한국으로 안 돌아올 수도 있겠다는 불안한 생각을 꾸준히 했던 것이다.

두 교회 성도들의 서로 다른 기대와 불안 속에서도 나는 선교와 목회를 동시에 하겠다는 욕심을 포기할 수 없었다. 하나님이 주신 중국 선교의 비전이 나의 욕심과 집착으로 변해버린 것이다. 무엇인가 잘못되고 있다는 심각한 고민 속에 나는 다시 하나님 앞에 겸손히 기도했다.

결국 기도하는 가운데 중국 심천에 있는 한인교회를 정리하고 대구에서 목회에 전념하기로 결단했다.

새롭게 깨닫게 된 땅끝

당시 심천에는 엠마오교회를 제외한 한인교회가 다섯 곳이 있었다. 나는 인근 다섯 교회의 목회자들을 만나서 심천 엠마오교회 교인들을 식구로 삼아달라고 부탁했다. 성도들의 교회 이전이 결정된 후에 나는 심천을 떠나 한국으로 돌아왔다.

한국으로 오는 기차와 비행기 안에서 얼마나 많은 눈물을 흘렸는지 모른다. 손으로 입을 막고 소리 내어 울었다. 아버지가 경제적인 능력이 없어서 자식들을 보육시설에 맡기고 돌아오는 심정이었다.

심천 엠마오교회 성도들의 이름을 하나하나 불러가면서 저들을 지켜달라고 눈물로 기도하며 한국으로 돌아왔다. 아픈 마음과 함께 여전히 벗겨지지 않는 어깨의 무거운 짐처럼 중국 선교에 대한 부담은 지워지지 않았다.

허전한 마음으로 대구로 돌아와 엠마오교회에서 새벽기도를 마치고 강단에서 기도하며 선교에 대한 가장 기본적인 부르심의 말씀인 사도행전 1장 1-8절을 암송했다. 그때 마음속에서 성령께서 어디가 땅끝인지를 선명하게 깨닫게 해주셨다.

> 오직 성령이 너희에게 임하시면 너희가 권능을 받고 예루살렘과 온 유대와 사마리아와 땅끝까지 이르러 내 증인이 되리라 하시니라
>
> 행 1:8

"땅끝까지 이르러 내 증인이 되리라"라는 말씀은 세계 모든 민족을 향한 하나님의 부르심이다. 그런데 문득 '어디가 땅끝일까?'라는 질문을 스스로 하게 되었다.

선교학에서 '예루살렘'은 동일집단을 의미한다. '온 유대'는 동질집단으로 문화와 언어를 공유하는 조금 더 포괄적인 대상에게 복음을 증거하는 것을 의미한다. '사마리아'는 이질집단으로 서로의 경계가 있으며 문화적으로 이질적이고 때로는 적대적인 문화권에 복음을 전파하는 것이다.

그리고 '땅끝'은 주로 미전도종족을 일컫는 말로 언어와 문화가 다르고, 지역적으로 다른 종족과 민족이 살고 있는 곳, 복음에서 소외된 곳, 십자가 복음을 들을 기회조차 없는 곳을 의미한다. '땅끝이 어디인가?'라는 질문에 내 속에서 '다음세대야말로 땅끝이구나'라는 것을 깨달을 수 있었다.

다음세대는 본래 부모의 언어를 배우고 부모의 문화권에서 자라나는 아이들이다. 그러나 성장하면서 부모가 사용하지 않는 언어를 쓰며 부모와 다른 문화를 지향할 뿐 아니라 부모와 관계된 모든 것을 거부하는 세대이다. 자녀들이 방문을 닫으면 거기는 완전히 미지의 세계가 된다. 닫힌 방문 하나를 사이에 두고 서로 완전히 분리된 다른 세상 속에 살면서 그 문고리를 잡고 눈물을 흘려야 하는 것이 부모세대이다.

선교의 꿈이 303비전으로

나는 303비전이 "땅끝까지 이르러 내 증인이 되리라"라는 선교적 명령인 것을 깨닫고 비로소 중국 선교에 대한 내 마음의 짐을 내려놓을 수 있었다. 303비전으로 다음세대를 준비하는 것이 바로 땅 끝까지 이르러 증인이 되는 삶을 사는 것이라는 확신을 가졌다. 주님의 지상명령, 선교적 명령을 순종하는 가장 가깝고도 선명한 길이 바로 자녀교육이다.

부모세대인 우리는 교회에 충성하면 하나님께서 자녀들에게 복을 주시고 자녀들은 하나님께서 키워주신다고 믿어왔다. 그러나 정작 하나님께서는 자녀들을 우리의 손에 맡기시면서 부지런히 가르치라고 하셨다. 그런데도 우리는 자녀와 가정은 돌아보지 않은 채 교회에서 충성된 일꾼으로 섬기는 것이 하나님의 일이라고 여겨왔다.

그 결과는 참담하다. 부모의 잘못된 열심이 자녀들로 하여금 교회를 외면하게 했고, 기독교를 혐오하고, 목회자들을 미워하게 했다.

이제라도 첫 단추를 다시 꿰어 자녀세대에 열정을 쏟아야 한다. 그것이 지상명령, 곧 "땅끝까지 이르러 내 증인이 되리라"라고 하신 주님의 명령에 순종하는 길이다.

우리 한국교회는 텅 비어가는 서구교회의 심각성을 지적하면서 더욱 전도와 선교에 열정을 쏟아붓는다. 그러나 서구교회의 심각성은 전도와 선교를 제대로 하지 않아서 비롯된 게 아니다. 지난 수 세기 동안 서구교회가 가장 열정을 쏟아부은 곳이 세계 선교였다. 그러는 동안 가정과 자녀들이 시들어져 가는 것에 대한 점검은 제대로 못한 것이다.

선교를 중단해야 한다는 의미가 아니다. 예수님의 지상명령인 복음증거는 가장 우선적으로 자녀교육에서부터 시작되어야 한다는 말이다.

다음세대가 다른 세대가 됐다

사사기 2장 10절은 그들의 다음세대에 대해 이렇게 기록하고 있다.

"그 세대의 사람도 다 그 조상들에게로 돌아갔고 그 후에 일어난 다른 세대는 여호와를 알지 못하며 여호와께서 이스라엘을 위하여 행하신 일도 알지 못하였더라."

여호수아와 함께 가나안을 정복했던 이스라엘 사람들은 모두 조상에게로 돌아갔다. 요단강의 기적을 보았고, 여리고 성이 무너진 것을 보았으며, 하나님께서 가나안 땅을 어떻게 정복하게 하셨는지 눈으로 직접 목격한 사람은 다 죽고 이제 새로운 세대가 그 땅에 살게 되었다.

그런데 그 다음세대를 향한 성경의 평가는 '다른 세대'다. 지리적으로는 가장 가까이에 살고 있고 부모의 그늘 아래에서 모든 것을 받아 누리며 태어나고 자랐지만, 정작 자식들 때문에 괴로워하는 부모의 눈물을 보면 다음세대야말로 땅끝임을 실감한다. 오래 걸릴 것도 없다. 단 한 세대만에 다음세대는 다른 세대가 될 수 있다. 사사기의 기록이 그것을 보여주고 있다.

오늘 이 시대가 부모들이 전혀 상상할 수 없는 다른 시대로 바뀌고 있다는 걸 누구도 부인할 수 없다. 자녀들과 마주 보고 대화 나누는 게 불가능하다. 자녀들의 생각을 부모가 도무지 이해할 수 없듯이 부모의 말과 행동에 자녀들은 고개를 절레절레 흔들며 외면한다.

　재산은 자녀에게 물려줄 수 있다. 혈액형, 머릿결, 피부색 등 신체적인 유전자도 자녀들이 물려받는다. 말투도, 걸음걸이까지도 물려받는다. 그러나 신앙은 물려받을 수 없다. 자녀들은 부모의 신앙을 유전적으로 물려받을 수 없다.

　신앙은 유전되지 않는다. 신앙은 교육해야 한다. 신앙은 부모가 수고하고 노력하여 교육해야 한다. 그것도 부지런히 교육해야 한다. 하나님께서는 신명기 6장 6,7절에서 "오늘 내가 네게 명하는 이 말씀을 너는 마음에 새기고 네 자녀에게 부지런히 가르치며 집에 앉았을 때에든지 길을 갈 때에든지 누워 있을 때에든지 일어날 때에든지 이 말씀을 강론할 것이며"라고 하시며 부모가 먼저 마음에 새긴 말씀을 자녀들에게 부지런히 가르치라고 명령하셨다.

　앞에서도 언급했듯이 신명기 6장 7절은 '네 때'를 말하고 있다. 집과 길은 모든 장소의 총체적 의미이며, 눕고 일어서는 것은 모든 시간의 종합적인 표현이다. 즉, 부모는 모든 장소와 모든 시간에 자녀들에게 말씀을 가르치고 강론해야 한다. 그만큼 부모는 자녀교육에 진심과 열정을 보여야 한다. 자녀들의 마음에 말씀을 새겨주는 일은 부모가 자녀에게 할 수 있는 가장 위대한 일이며 사명이다.

다음세대를 위한 교회의 사명

교회로서도 교육을 통해 자녀들에게 신앙을 전수하는 일이 중요하다. 그러나 그 중요성의 정도가 교회 성장과 전도, 선교보다는 우선순위에서 뒤로 밀려 있는 것도 사실이다. 선교의 경우, 선교사를 파송하기 위해 신학 교육과 선교 훈련, 현지 훈련을 비롯해 많은 에너지를 쏟고 있다. 파송 선교사에게 들어가는 예산도 적지 않다. 그러나 교회 교육의 경우를 보면 신학교에 갓 입학한 전도사들에게 교육부서를 전담하게 한다.

마치 자녀들이 실습과 실험의 대상인 것처럼 교육전도사라는 제도 하에서 비전문가에게 노출된다. 물론, 그들이 평신도들보다 더 많은 기도와 훈련으로 자녀들을 신앙으로 양육하고 있다. 그럼에도 불구하고 선교사역이나 교구사역 등과 비교해보았을 때, 하나님이 강조하신 것보다는 턱없이 부족한 영역이 교회 교육에 대한 부분이다.

현실을 살펴보면, 교회에서 교육 부분에 전문인력을 배치하는 정성이 유난히 약하다. 찬양 사역도 전문사역자를 세운다. 청년부도 청년 사역자들을 세운다. 하지만 교육부서는 젊은 초임 사역자들에게 맡겨지곤 한다. 여기서 이미 한국교회의 쇠락은 예견된 일이었는지도 모른다.

어린 자녀들이 어른들보다 배우고 흡수하는 능력이 뛰어나기 때문에 어른들보다 어린아이들에게 복음을 전하는 것이 쉽다고 생각한다면 오산이다. 그렇다면 하나님께서 왜 부지런히 가르치라고 하셨겠는가? 실제로 가르치기가 쉬워 보여도 아이들은 하나님의 말씀도 빠르게 흡수하지만, 세상의 정보도 아주 빠른 속도로 흡수하고 있다는 것을 간과해서는 안 된다.

세상에서 격리한다고 해결되지 않는다

초조함에 못 견딘 부모들은 자녀를 세상으로부터 격리해 대안학교나 기독교 사립학교에서 교육받도록 시도해왔다. 그러나 궁여지책일 뿐이다. 그렇게 격리하고 분리한다고 해서 자녀들이 세상으로부터 눈과 귀를 가리고 세상의 정보를 외면하면서 경건하게 자라는 것도 아니다.

결국 자녀들의 고등교육에 있어서 세속교육으로부터 자유로울 수 없다. 기독교 교육을 하겠다고 전국을 다니며 대안학교와 기독교 사립학교를 찾아다녔지만 결국 대학교를 보낼 때는 어떤 선택을 하는가? 대안학교와 기독교 사립학교의 결론도 결국엔 좋은 대학의 입학으로 귀결된다. 신앙을 지키면서도 좋은 대학을 보내고 싶어 하는 부모들의 야심 찬 기대가 그 속에 꿈틀거리고 있다.

부모들은 두 마리 토끼를 다 잡고 싶어 한다. 우수한 대학 입학과 기독교 신앙이라는 두 마리 토끼를 모두 가지고 싶어 한다. 그런데 만약에 주님이 좋은 대학과 기독교 신앙을 겸하여 섬길 수

없다고 하신다면 어떨까?

한 사람이 두 주인을 섬기지 못할 것이니 혹 이를 미워하고 저를 사랑하거나 혹 이를 중히 여기고 저를 경히 여김이라 너희가 하나님과 재물을 겸하여 섬기지 못하느니라

마 6:24

재물은 나쁜 것이 아니다. 잘 사용하면 된다. 그런데 왜 재물과 하나님을 겸하여 섬길 수 없다고 하셨는가? 우리 안에는 둘 다 가지고 싶어 하는 욕심이 있기 때문이다. 자녀를 좋은 대학에 보내기 싫은 부모는 없다. 그러나 신앙과 좋은 대학을 겸하여 섬길 수는 없다. 그것은 우선순위에 관한 것이다. 신앙을 포기하고서는 대학이 아무 의미 없음을 깨닫고 결단해야 한다. 둘 중에 하나를 선택하라고 한다면 부모의 마음은 어디에 있을지, 부모의 결단이 우선되어야 한다.

하나님은 교회와 가정에게 자녀들의 신앙 전수를 위해 혼신의 힘을 다해야 할 사명을 주셨다. 그래서 엠마오교회는 "303비전으로 다음세대를 준비하는 교회"를 목회 철학으로 삼고 교회의 모든 역량을 다음세대를 준비하는 일에 사용하기로 했다. 교회 성장을 위한 교회가 아니라 다음세대를 위한 교회로 그 정체성을 분명히 하게 된 것이다. 다음세대가 땅끝이다.

가정예배만큼 확실한 길이 없다

오늘날 교회가 이구동성으로 다음세대에 대한 우려의 소리를 높이고 있다. 하지만 딱히 대안을 제시하지도 못한 채 여러 선교단체와 프로그램들을 의지하여 교회학교를 유지하는 수준에 머물러 있을 뿐이다.

교회학교에서의 다음세대 자녀교육은 일주일에 한 번 교회에 모여 예배드리고 성경공부하는 것이 전부인 형편이다. 그것도 그나마 교회학교가 있는 경우에나 가능하다. 대형교회의 대형화가 가속되는 원인 중 하나는, 작은 교회의 교회학교가 무너지면서 자녀를 둔 부모들이 자녀교육을 위해 큰 교회로 서서히 흡수되는 것이다.

그럼에도 불구하고 교회에서 지도하는 다음세대 교육은 가정에서 출발하지 못한 채 교회 교육을 의지할 수밖에 없는 상황이다.

초대 한국교회의 경우는 부모가 아닌 선교사들에 의해 복음을 받았기 때문에 교회를 중심으로 신앙생활을 할 수밖에 없었다. 하지만 지금 한국 기독교 120년의 역사는 4,5세대에 이르는 믿음의 가정들을 이루고 있다.

여러 세대를 거쳐 이제는 부모에 의한 신앙 전수가 자연스러울 때가 되었다. 그럼에도 불구하고 신앙생활에서 가장 힘들고 어려운 과제로 다가오는 것이 자녀들에게 신앙을 전수하는 것이다. 지금도 많은 부모들로부터 자녀교육을 위한 신앙상담이 끊이지 않는 것을 보면 알 수 있다.

가정예배를 통한 자녀들의 신앙 전수만 투철하게 지켰더라면 오늘 교회가 겪는 위기감은 없었을 것이다. 그렇다면 왜 가정예배를 통한 가정에서의 신앙 전수가 잘 이루어지지 않는 것일까?

첫째로, 부모의 피로감을 들 수가 있다. 설교를 하고 예배를 인도해야 하는 부모의 영적 부담이 크다. 또 경제적으로도 젊은 부부의 경우 맞벌이 가정이 많고 퇴근 시간이 늦기 때문에 피곤한 몸을 이끌고 가정예배를 드리는 데 상당한 피로감을 호소한다.

둘째로, 자녀들에게 익숙하지 않은 예배 문화가 원인일 것이다. 자녀들은 자랄수록 부모의 말을 들으려고 하지 않는다. 아주 어린 아이들은 부모가 원하는 대로 쉽게 따라오지만, 조금만 나이를 먹으면 불평과 짜증을 쏟아 놓으며 자기 고집을 부린다. 그런 과정에서 부모와 자녀는 갈등을 겪고 서로 불편한 상태가 되어 가정예배를 드릴 수 없는 지경에 이르게 된다. 가정예배를 시도만 여러 번 하다가 중단되는 경우가 많다.

셋째로, 가정예배가 잘 안되는 여러 요소 중에 큰 비중을 차지하고 있는 것인데, 부모가 교회에 너무 많은 에너지를 쓰고 있기 때문이다. 부모들은 여러 예배와 성경공부, 봉사 프로그램에 적지 않은 출석을 요구받고 있기 때문에 가정에서의 피로도가 아주 높다. 가정에서까지 교회와 같은 상태를 유지하기가 힘들다. 집으로 돌아오는 순간 모든 무장이 해제되고 쉬고 싶은 마음이 굴

뚝같다.

수요예배, 금요기도회, 성경공부, 소그룹모임, 부서별 모임 등 장년을 위한 모임이 지나치게 많다. 부모들을 집으로 돌려보낼 생각을 하지 않는다. 신앙생활에 열심이거나 교회에서 중요한 직책을 맡고 있을수록 가정에서의 신앙생활은 소외될 수밖에 없다.

복음이 전해진 이래로 교회는 급속도로 성장했지만, 교회 성장에 집중된 지난 수십 년간의 한국교회의 교회학교 교육은 교회 성장의 부산물로 조직된 부서로 평가 절하되어 왔다. 교회에서의 자녀교육은 가정과 다음세대를 위한 가장 위대한 투자이다. 이스라엘의 경우 일 년 예산 중에 교육비 예산 편성이 가장 높다. 교회에서 교회학교 예산 편성의 비중은 어떤지 자문해보아야 한다.

그동안 우리는 주님의 몸 된 교회에 충성봉사하고 헌신하면 하나님께서 자녀들을 돌보시고 복을 주실 것이라고 생각해왔다. 하지만 그런 막연한 기대로 교회사역에 몰입하는 동안 자녀들이 방치되어온 것을 부인할 수 없다.

물론 자녀교육을 하지 않은 것은 아니다. 교회는 꾸준히 주일학교를 통해 자녀들에게 신앙을 전수하기 위해 노력해왔다. 중요한 것은 신앙교육의 첫 단추인 가정과 부모를 깨우쳐 교육하는 일을 제대로 수행해오지 못했단 것이다.

그러므로 교회는 자녀를 둔 부모가 열정과 헌신을 교회가 아니라 그들의 자녀들에게 쏟아부을 수 있도록 배려해주어야 한다.

자녀들에게 중요한 시기인 출생부터 사춘기까지의 시간에 부모가 교회의 일꾼이 아닌 가정 사역자가 되도록 해야 한다. 건강한 가정이 모이기만 하면 교회는 그 자체로 성장하고 성숙해진다. 그러므로 교회는 젊은 부부들이 자녀들과 함께 가정에서 신앙생활을 열심히 할 수 있도록 격려하고 지도해주어야 한다.

가정에서 교회로, 교회에서 가정으로

그런 의미에서 엠마오교회의 다음세대 신앙교육은 가정에서 이뤄지는 신앙교육과 동일한 연장선에 놓여 있다. 꾸준히 가정예배를 드리도록 권장하며, 가정에서 드리는 말씀암송예배와 교회에서 자녀들을 가르치는 성경 말씀이 같은 흐름으로 진행된다. 교회에서는 가정에서 이뤄지는 신앙교육이 교회에서 이뤄지는 교육과 연장선에 있음을 가시적으로 보여줄 수 있는 여러 다양한 말씀 활동들을 추가한다. 말씀암송뿐 아니라 말씀으로 대화하고 토론하고 게임으로 즐기는 과정에서 아이들은 가랑비에 옷이 젖어들듯이 말씀의 깊은 은혜에 젖어들게 된다.

이 일을 위해 교회 중심의 모임을 최소화했고, 가정과 교회가 연결되는 새로운 형태의 교회 모습으로 거듭나게 되었다. 가정예배가 정착되어 가면서 엠마오교회는 수요일에 교회에서 모이는 수요예배 대신 이날을 '303 Day'로 정하여 가족들이 자녀들과 함께 말씀을 암송하고 다음세대를 위해 기도하는 날로 지키고 있다.

그리고 금요일 저녁 8시 30분이 되면 부모들은 아이들의 손을 잡고 삼삼오오 교회로 모인다. 자녀들이 토요일에는 학교에 가지 않으니 상대적으로 부담이 덜한 금요일 저녁에 온 가족이 함께 모여서 즐겁게 말씀을 암송하고 같이 기도하고 교제하는 시간을 갖는 것이다.

엠마오교회 금요기도회는 그 순서와 내용이 각 가정에서 드리는 말씀암송가정예배와 동일하다. 목사님과 토론하고, 질문하며, 한 달에 한 번씩 암송한 말씀으로 퀴즈를 풀기도 하는 등 다채로운 시간을 갖는다. 아이들은 공동체로 모여서 여러 가족들이 함께 소리 내어 말씀을 암송하는 금요일 예배를 즐거워한다.

요즘엔 교회가 조금만 성장해도 주차 공간과 부서 공간을 확보하기 위해 건축과 증축, 부지 확보에 몸살을 앓는다. 지금의 교회 시스템은 교인 규모 대비 공간의 수요가 너무 큰 구조에 놓여 있다. 주일에 한 번 모임을 갖는 것 외에는 일주일 동안 공실로 비워두는 교육관을 비롯해서 빈 공간에 들어가는 기회 경비가 너무 많다.

교회에서 진행되는 예배의 횟수와 수많은 모임들은 공간의 필요를 증가시켜서 교회 건물 구조에도 상당한 영향을 미친다. 새벽예배, 대예배, 오후예배, 아동부, 초등부, 청소년부, 청년부, 장년부까지 각 연령별 예배와 부서 예배를 다 소화하려면 공간의 수요가 커질 수밖에 없다.

엠마오교회에는 주일학교와 부서를 위한 예배가 없다. 주일 오전 11시에 모든 성도들이 함께 모여 단 한 번의 예배를 드린다. 온 가족이 와서 함께 예배를 드리는 데 모든 에너지를 쏟는다. 주일에 단 한 번 드려지는 예배이므로 예배 참여율도 높다.

예배를 마치면 본당은 식사를 할 수 있는 공간으로 바뀐다. 점심 식사 후, 자녀들과 함께 같은 공간에서 오후 2시부터 성경암송을 한다. 예배의 형식을 따르지 않기 때문에 '암송 모임'이라고 표현한다. 부모와 자녀, 신생아에서 청년부까지 대부분의 교우들은 성경암송 시간에 참여한다. 자녀들에게 모범을 보이기 위해서라도 적극적으로 참여하여 함께 크게 소리 내어 암송한다.

주일마다 3~5절 정도 주어진 말씀을 암송하고 나면 나이에 맞추어 말씀 묵상과 관련된 활동을 한다. 함께 암송했기 때문에 부모들은 자녀가 주일에 어떤 말씀을 암송했는지를 알고 있다. 그러므로 가정에서 가정예배를 드릴 때 주일에 암송한 구절을 중심으로 꾸준히 반복하면 된다. 자연스럽게 가정에서는 익숙한 본문의 말씀을 반복하는 것으로 가정예배가 지속된다. 굳이 새로운 본문을 다룰 필요가 없다. 같은 본문을 몇십 번이라도 소리 내어 읽는 것이 훨씬 더 은혜롭고 아이들에게도 쉽다.

또한 말씀암송가정예배의 본문과 내용이 교회에서 이미 암송한 말씀들이기 때문에 누가 가정예배를 인도하더라도 어색하거나 불편하지 않다는 장점도 있다. 시간이 지날수록 가정예배 인도를 자녀들이 하도록 기회를 주면 더욱 좋다. 그렇게 하다 보면 자녀들은 서로 자기가 예배를 인도하겠다고 자발적으로 나서게 된다. 자녀들이 예배를 인도하면 예배가 훨씬 간결해지고 시간도 짧아지는 것을 알아채기 때문이다. 결국 자연스럽게 아이들은 말씀의 자리에 앉게 된다. 이렇게 가정예배로 부모와 자녀가 함께 예배하는 동안 하나님 앞에서 온 식구가 말씀으로 하나 되는 은혜의 시간으로 발전하게 된다.

자녀교육보다 부모교육이 먼저

가정예배가 자연스럽게 되기까지 가장 우선적으로 해야 할 일은, 부모가 먼저 말씀을 가까이하고 사모하는 마음을 보여주는 것이다. 자녀들은 부모가 말씀을 향한 태도와 의지가 어떤지를 보고 가정예배를 드려야 하는지, 암송을 꼭 해야 하는지 자신의 태도를 계산한다.

부모가 자녀에게 말씀을 가르치면서 암송하라고 지시만 할 뿐 정작 자신은 간절하게 말씀을 사모하지 않는 경우가 많다. 나이와 기억력을 탓하면서 "엄마는, 아빠는 나이가 들어 잘 못 하지만, 너희는 잘할 수 있어"라고 한다. 그러나 이런 부모의 태도에서 아이들은 엄마, 아빠가 말씀암송이나 가정예배를 부담스러워하고 있다는 사실을 금세 눈치챘다.

그러므로 부모는 중심에서부터 말씀을 사모하고 즐거워함으로 자녀에게 솔선수범을 보여야 한다. 부모가 가정예배에 모든 것을 걸고 사랑과 기쁨으로 가정예배를 이끌기로 작정한다면, 성공적으로 신앙을 전수할 확률이 아주 높다.

나는 교회를 개척할 때부터 상황이 여의치 않아서이기도 했지만 교회학교를 조직하거나 담당 교역자를 임명하지 않았다. 그렇다고 내가 직접 자녀교육에 앞장선 것도 아니다. 그저 자녀교육의 주체인 부모가 먼저 말씀을 암송하도록 격려하고 독려했다.

신명기 6장 4-9절에서 "네 자녀에게 부지런히 가르치라"라고 하시기 이전에 먼저 선행적으로 명령하신 말씀이 있다는 사실을 잊어서는 안 된다.

"오늘 내가 네게 명하는 이 말씀을 너는 마음에 새기고."

자녀교육이 아니라 자녀들을 위한 부모교육이 우선되어야 한다. 그래서 부모가 먼저 말씀을 마음에 새기는 일에 힘을 다하도록 교육했다.

어머니를 돕는 길이 다음세대를 돕는 길이다

부모는 당연히 자녀를 가르쳐야 하고, 교회와 국가는 자녀들에게 정당한 교육을 할 의무가 있다. 그러나 그 이전에 부모와 교회가 먼저 말씀 앞에 서야 자녀를 가르칠 수 있다. 엠마오교회는 규모가 아주 작은, 개척 초기 때부터 꾸준히 303비전성경암송학교를 개최하여 부모들의 말씀암송 훈련을 교육해왔다.

303비전성경암송학교는 자녀들에게 성경을 암송하게 하는 곳이 아니다. 자녀들을 말씀으로 양육하는 부모를 훈련하는 곳이다. 특히 출산과 육아의 부담을 가장 많이 안고 있는 어머니를 우선적으로 교육한다. 303비전성경암송학교 유니게 과정은 디모데의 어머니 유니게의 이름에서 시작된 암송학교 과정이다.

임신과 출산은 생명의 탄생이라는 감격과 신비로움이 가득한 과정이지만, 육아의 피로와 함께 삶의 무게가 갑절이나 더해져 심신이 고단한 때이기도 하다. 특히 많은 산모들이 겪는 산후 우울, 탈진, 불안, 감정의 변화는 고스란히 아이에게 전달될 가능성이 높다. 그런 어머니들을 격려하고 지지하며 말씀으로 든든히 회복하게 하는 일은 산후조리 못지않게 아주 중요한 일이다.

심신이 지친 어머니들이 말씀으로 회복하며 더 나아가 어머니들의 심령에 말씀을 심어주어 어머니를 통해 흘러 나가는 하나님의 말씀이 자녀들에게 영혼의 젖줄이 되게 하여 자녀가 말씀을 먹고 자랄 수 있게 도와주는 과정이 303비전성경암송학교 유니게 과정이다.

그뿐만 아니라 자녀를 양육하는 과정에서 올바른 신앙교육의 방향을 찾지 못한 부모들에게 자녀들을 어려서부터 말씀으로 양육하여 디모데 같은 하나님의 자녀로 자라도록 돕는 교육과정이라고 할 수 있다.

유니게 과정을 진행하는 동안 처음에는 자녀교육을 목적으로 말씀을 암송했으나, 그 말씀이 먼저 어머니들의 심령 속에서 살아 역사하는 것을 정말 많이 경험하고 목격할 수 있었다.

> 이러므로 우리가 하나님께 끊임없이 감사함은 너희가 우리에게 들은 바 하나님의 말씀을 받을 때에 사람의 말로 받지 아니하고 하나님의 말씀으로 받음이니 진실로 그러하도다 이 말씀이 또한 너희 믿는 자 가운데에서 역사하느니라
>
> 살전 2:13

유니게 과정을 수료한 어머니들의 입술을 통해 '우리 아이가 달라졌어요'를 기대했는데 엄마인 자기 자신의 마음과 삶의 태도가 달라졌다는 눈물의 간증이 이어졌다.

임신과 출산, 가사와 육아에 지친 어머니들은 육체적으로도 체력이 바닥나 있는 상태이지만, 영적으로도 교회 생활을 온전히 할 수 없는 데서 오는 무기력함에 지쳐 있다. 그런 어머니들의 마음에 말씀이 새겨지면서 그들이 새 힘을 얻고 회복되어가는 놀라운 역사를 보게 된다.

어머니의 변화는 가족에 중대한 영향을 끼친다. 직장 생활에 시달려 녹초가 된 남편을 대하는 태도에서부터 사춘기 아이를 대

하는 어머니의 노련함이 가정을 신앙으로 이끌어내는 데 마중물 역할을 한다.

다음세대를 위해 목회자도 준비해야 한다

자녀를 신앙 안에서 제대로 교육하기 위해 자녀를 교육해야 하는 부모를 먼저 교육해야 한다는 것은, 목회자에게도 그대로 적용된다. 한국교회의 교회학교가 위태롭다는 점은, 많은 교회에서 교회학교 사역이 교육의 비전문가인데다가 목회적으로도 미숙한 초보 목회자에게 맡겨지고 있다는 현실에서 알 수 있다.

설령 교육담당 교역자가 기독교 교육을 전공했다 할지라도, 목회 현장에서 담당 교역자가 말씀 중심의 신앙교육을 전문적으로 펼치기란 매우 어렵다.

특히 대부분의 목회자가 신학대학원을 졸업하기까지 짧게는 3년, 길게는 7년 동안 방대한 분량의 신학적 소양과 목회 훈련을 받는데, 공부할 것이 너무 많다 보니 성경에 할애하는 시간이 상대적으로 줄어드는 아이러니한 현상이 벌어진다. 게다가 신학교에 입학하는 동시에 소속 교회에서 목회 훈련을 병행하다 보니 공부와 사역의 균형을 이루기도 쉽지 않다.

나 같은 경우에도 신학수업과 독서로 성경을 읽을 수 없었고, 성경 본문으로 설교를 준비하긴 했지만 말씀 자체를 깊이 읽고 많이 대할 수 있는 시간과 기회가 절대적으로 부족했다. 더욱이 이슬비 장학회가 아니었다면 말씀암송의 중요성을 깨닫지 못할 뻔했다. 부끄러운 말이지만 나조차도 목사가 되고 나서, 개척을 하고 난 후에야 비로소 말씀 앞에 설 수 있게 된 것이다.

다음세대에 대한 말씀 중심의 대안을 제시하기 위해서는 목회자 스스로가 말씀을 사모하고 즐거워해야 한다. 설교하기 위해서가 아니라 정말 말씀을 사랑하고 묵상하고 암송하는지 자문해보아야 한다.

자녀를 말씀으로 교육하기 위해선 부모가 먼저 말씀을 사랑하고 말씀으로 교육되어야 하며, 그 이전에 부모를 교육하는 목회자 자신이 먼저 말씀을 사랑하는 본을 보여야 하는 것이다.

사람들이 술에 빠질 때, 처음에는 사람이 술을 먹고 그러다 술이 술을 먹고 나중에는 술이 사람을 먹는다는 말을 한다. 말씀도 마찬가지다. 목회자가 말씀을 들고 강단에 섰을 때, 처음에는 말씀을 들고 선다. 그러나 시간이 지나면 말씀이 말씀으로 이어져야 하고, 그다음 단계에서는 말씀이 목회자를 먹고 말씀에 사로잡힌 자가 되어야 한다.

나는 중년이 지나서야 그 맛을 조금씩 알아가고 있는 듯하다.

11

듣는 마음을
주사

누가 주의 이 많은 백성을 재판할 수 있사오리이까
듣는 마음을 종에게 주사 주의 백성을 재판하여
선악을 분별하게 하옵소서
왕상 3:9

303비전성경암송학교에서는 해마다 연령별로 말씀암송을 완수한 자녀들과 가정을 303비전꿈나무모범생, 꿈나무으뜸모범생, 꿈나무장학생으로 선발하여 인증의 시간을 갖는다. 약속된 구절보다 두 배로 많이 암송한 자녀에게는 으뜸모범생의 자격을 주고 으뜸모범생으로 일 년 동안 말씀암송을 지속하면 꿈나무장학생으로 선발된다.

이렇게 선발된 꿈나무장학생들은 일 년에 한 번씩 암송 점검을 해서 중학교 3학년까지 매년 장학금을 받는다. 여운학 장로님은 생전에 개인 경비를 출연하여 선발된 장학생들에게 소정의 장학금을 주면서 꿈나무 자녀들의 말씀암송을 격려해주셨다.

그렇게 선발된 장학생들을 위해 매년 장학생 수련회를 진행했다. 일 년에 한 번씩 독립기념관, 국회의사당, 안창호 기념관 등에 모여서 말씀암송과 함께 민족 지도자로의 꿈을 꾸는 특별한 시간을 가졌다.

2008년 봄에 국회의사당에 303비전꿈나무장학생들 60여 명이 모였다. 대한민국의 법과 예산을 상정하고 집행하도록 하는 최고 의결기관인 국회를 방문하여 303비전꿈나무장학생들의 꿈을 키워주었다. 말씀으로 무장된 자녀들이 언젠가는 이곳에서 신실한 정치인으로 세워지기를 축복했다.

국회의사당 1층 안쪽에는 기독의원들을 위한 작은 예배당이 있다. 국회의사당이 세워질 때부터 여당, 야당 할 것 없이 기도하는 곳으로 준비된 곳이다. 대한민국 국회는 초대국회 때부터 기도로 시작된 곳이다. 우리는 기도로 나라를 이끌어야 할 것을 전하는 마음으로 그곳에서 함께 예배를 드렸다.

말씀의 일천 번제

나는 열왕기상 3장 솔로몬의 일천 번제에 대한 감동을 가지고 장학생들에게 말씀을 전했다. 젊은 솔로몬은 아버지 다윗의 뒤를 이어 왕의 직분을 감당하기 전에 하나님 앞에 일천 마리의 번제를 드려 예배했다. 아이들과 그 자리에 모인 부모님들에게 솔로몬이 그랬던 것처럼 우리 자녀들이 말씀 한 절 한 절을 숫송아지의 번제를 드리듯이 일천 구절의 말씀을 번제로 드려 다음세대를 준비하자고 전했다.

솔로몬이 일천 번제를 드리고 그 밤에 하나님께서 솔로몬의 꿈에 나타나 솔로몬의 소원을 물으셨다(왕상 3:4-13). 그때, 솔로몬은 자신을 작은 아이라고 말하며 '듣는 마음'(쉐마의 마음)을 종에게 주사 주의 백성을 재판하여 선악을 분별하게 해달라고 요청했다. 놀랍게도 열왕기상 3장 10절은 "그 말씀이 주의 마음에 들었다"(It pleased the Lord)라고 기록하고 있다.

하나님께서 마음에 들어하는(야타브, 좋아하다) 기도제목이 있었던 것이다. '듣는 마음'을 달라고 기도했는데, 하나님께서 이 말이 하나님 마음에 드셨다고 했다.

네가 이것을 구하도다 자기를 위하여 장수하기를 구하지 아니하며 부도 구하지 아니하며 자기 원수의 생명을 멸하기도 구하지 아니하고 오직 '송사를 듣고 분별하는 지혜'를 구하였으니

왕상 3:11

송사를 듣고 분별하는 지혜를 '듣는 마음'으로 표현한 것이다. 하나님께서는 솔로몬에게 그가 구하지도 않은 것을 덤으로 더해 주셨다.

내가 네 말대로 하여 네게 지혜롭고 총명한 마음을 주노니 네 앞에도 너와 같은 자가 없었거니와 네 뒤에도 너와 같은 자가 일어남이 없으리라 내가 또 네가 구하지 아니한 부귀와 영광도 네게 주노니 네 평생에 왕들 중에 너와 같은 자가 없을 것이라

왕상 3:12,13

나는 이 말씀을 전하며 꿈나무장학생 아이들과 부모님들에게 일천 절의 하나님의 말씀을 자녀들이 듣고 마음에 새기도록 도전했고, 엠마오교회로 돌아와서 우리 교인들에게도 그 마음을 나누었다.

말씀암송 천절 여행의 시작

300~500절의 말씀을 암송을 하는 것은 아이들과 꾸준히 하면 도전할 만한 암송 구절이다. 그러나 일천 절은 복습과 반복을 지속하기에 많은 에너지가 필요하다. 그래서 일천 절을 암송한 아이들에게는 특별선물이 필요하다고 생각했다.

교회에서 영국 왕복 항공권을 선물로 준비했다. 일천 절을 암송하는 아이들에게 왕복 항공권을 제공하고 아이들을 인솔하여 영국 여행의 기회를 주기로 한 것이다. 작은 교회로서는 큰 결정이었지만 조금도 아깝지 않았다. 얼마나 소중하고 귀한 일인가!

지금도 엠마오교회는 일천 절 암송하는 아이들에게 영국 왕복 항공권을 제공한다. 그리고 직접 인솔해서 11박 12일 동안 매일 저녁 100구절의 말씀을 암송하면서 영국과 유럽에서 천절 여행을 진행하고 있다. 현재까지 4회 여행을 다녀왔으며 60여 명의 꿈나무장학생들과 보호자와 함께했다.

그중에 가장 기억이 남는 것은 2008년 국회의사당에서 말씀암송 일천 번째의 설교를 들은 한 여 집사님이 마음에 큰 결단을 하고 두 아들과 하루에 한 절씩 매일 번제를 드리듯이 일천일 암송을 실천한 것이다.

사고로 남편을 잃고 어린 두 아들을 양육하는 동안 삶의 짐이 무겁게 여겨졌던 집사님은 말씀으로 두 아들을 양육하겠다는 단호한 결심을 했다. 그리고 당시 초등학교 2학년, 3학년이었던 두 아들이 매일 한 절씩을 꾸준히 암송하여 천절 암송을 완료하였다. 3년 만에 암송이 끝나고 대구로 내려와서 암송 감사예배를 엠마오교회에서 함께 드렸다.

때마침 엠마오교회에서도 같은 초등학교 6학년 아이가 말씀암송 일천 절을 완료하였기에 남자아이 셋과 어른 네 명이 영국 여행을 처음으로 가게 되었다.

매일 저녁 100절씩 말씀으로 암송예배를 드리면서 아이들을 축복하며 기도했다. 오전과 오후에는 존 웨슬리, 조지 뮬러, 조지 휫필드 등 신앙의 위인들이 살았던 흔적들을 살피며 유익한 시간을 가졌다.

나흘째 여행 중에 당시 영국에서 박사학위를 마친 후, 트리니티 신학교에서 채플린으로 섬기고 있던 한 목사님이 우리를 초대하여 함께 식사를 하게 되었다. 식사 중에 목사님은 아이들에게 정말로 일천 절을 암송한 것이 맞는지 궁금해서 질문을 하셨다.

아이들은 곧장 "네"라고 대답했고, 목사님은 일천 절 중에 가장 좋아하는 구절 하나만 암송해보라고 식탁에서 즉석으로 요청했다.

구약성경 전체가 살아서 들어온다

아이들이 수줍어서 주저할 줄 알았는데 세 명의 남자아이들은 서로 좋아하는 구절에 대하여 합의를 거친 후에 거침없이 마태복음 1장을 빠른 속도로 암송하는 것이 아닌가?

마태복음 1장은 이렇게 시작한다.

아브라함과 다윗의 자손 예수 그리스도의 계보라 아브라함이 이삭을 낳고 이삭은 야곱을 낳고 야곱은 유다와 그의 형제들을 낳고 유다는 다말에게서 베레스와 세라를 낳고 베레스는 헤스론을 낳고 헤스론은 람을 낳고 람은 아미나답을 낳고 아미나답은 나손을 낳고 나손은 살몬을 낳고…

식사를 초대한 목사님과 나는 일천 절을 암송한 초등학교 5,6

학년의 아이들이 가장 좋아하는 구절이 마태복음 1장이라는 것이 의아했다. 암송한 일천 절 중에는 아이들이 좋아할 만한 구절의 말씀이 아주 많다. 그런데 왜 마태복음 1장을 암송했을까? 같은 의문을 가지고 목사님은 아이들에게 물어보았다.

"애들아 마태복음 1장이 좋니?"

"네!"

목사님은 다시 물었다.

"마태복음 1장이 왜 좋으니?"

그때, 아이들의 입에서 나온 대답에 나도, 목사님도 놀라지 않을 수 없었다.

"마태복음 1장을 암송하고 있으면 구약성경 전체가 살아서 들어오는 것 같아요."

마태복음에 기록된 아브라함의 이름은 창세기 12장에 등장하는 이름이며, 솔로몬의 이름은 열왕기상에 등장하는 이름이라는 것이다. 마태복음은 구약 39권의 축소판이며 역사라고 대답하는 아이들을 보며, 나는 이것이 초등학교 6학년 아이들의 입에서 나올 수 있는 표현인지 귀를 의심했다.

왈칵 눈물이 쏟아졌다. 우리는 그저 말씀을 암송하도록 지도했을 뿐인데 그 말씀은 이미 성령께서 그 아이들의 속에 역사하여 깨닫게 하고 계심에 감격의 눈물을 흘렸다.

모든 성경은 하나님의 감동으로 된 것으로 교훈과 책망과 바르게 함과
의로 교육하기에 유익하니

딤후 3:16

우리는 책에 글로 기록된 성경 말씀을 자녀들에게 암송하도록
가르치지만, 이 성경 말씀은 하나님의 감동으로 된 말씀이다. 말
씀은 살아 있고 좌우에 날 선 어떤 검보다 예리하다.

하나님의 말씀은 살아 있고 활력이 있어 좌우에 날 선 어떤 검보다도
예리하여 혼과 영과 및 관절과 골수를 찔러 쪼개기까지 하며 또 마음의
생각과 뜻을 판단하나니

히 4:12

그 후로 말씀을 자녀들에게 심어주는 데 더 확신을 갖게 되었
다. 우리는 심어줄 뿐이지만 그 말씀은 자녀들의 마음에서 살아
역사하며 깨닫게 하고 진리 안에 든든히 서게 할 것이다.

사도 바울이 고백한 것처럼 부모는 심었고, 교회는 물을 주었
으되 오직 자라게 하시는 분은 하나님이시다.

나는 심었고 아볼로는 물을 주었으되 오직 하나님께서 자라나게 하셨나니

고전 3:6

우리는 말씀을 심기만 하면 된다. 성령께서 깨닫게 하시고 하나님께서 자라게 하실 것이다. 말씀암송 자녀교육은 말씀이신 하나님께서 성령을 통하여 그 속에 역사하게 하는 가장 중요한 기초 작업이다.

그 후로 4차에 걸친 말씀암송 천절 여행은 많은 간증과 경험 속에 자녀들이 말씀으로 자라나는 좋은 열매들을 남기고 있다.

12

303비전으로 세우는
다음세대

네 집 안방에 있는 네 아내는 결실한 포도나무 같으며
네 식탁에 둘러앉은 자식들은 어린 감람나무 같으리로다

시 128:3

엠마오교회의 핵심 가치는 '303비전'이다. 핵심 가치라는 표현은 교회의 모든 에너지를 거기에 최우선으로 사용하겠다는 의미다. 교회가 다음세대에 관심을 많이 가지고 있지만, 그만큼 역량과 에너지를 사용하고 있는지 한 번쯤 점검해볼 때가 되었다.

엠마오교회는 개척할 때부터 모든 역량을 다음세대에 사용하기로 했기 때문에 그동안 여러 가지 방향으로 다양한 시도들을 해왔다. 여기서는 그 노력들을 몇 가지 소개하려고 한다. 교회의 규모가 작더라도 충분히 고려해보고 적용 가능한 내용들이라고 생각한다.

아프리카 나이지리아 속담 중에 "아이 하나를 키우기 위해선 마을 하나로 부족하다"라는 말이 있는데, 부모들이 가정에서 자녀들을 신앙으로 양육하기 위해선 교회도 전심으로 지원하고 협력해야 한다. 특히 자녀들이 초등학교 고학년이 되면 부모의 통제에서 벗어나기 시작하고, 부모가 감당하기 어려운 시기가 오는데, 그럴 때 교회가 빛나는 역량을 발휘하여 부모와 자녀 모두를 품을 수 있어야 한다.

말씀을 사모하는 양육의 동반자

어느 날 울산에서 딸 다섯을 차에 태워서 한걸음에 달려온 어머니가 있었다. 교회에 도착하여 다섯 자매가 한 명 한 명 차에서 내리는데, 그야말로 대식구였다. 아홉 살인 첫째아이가 시편을 암송하다가 궁금한 것을 물어보았는데, 그 답을 듣기 위해 울산에서 대구까지 한달음에 달려온 것이었다.

금 곧 많은 순금보다 더 사모할 것이며 꿀과 송이꿀보다 더 달도다

시 19:10

시편 19편 10절에서는 말씀이 꿀과 송이꿀보다 더 달다고 했는데, 자기는 말씀을 아무리 암송해도 꿀처럼 달콤했던 적이 없다는 것이었다. 아이는 말씀이 달지 않은데 왜 달다고 하는지 궁금

하다고 엄마에게 물었고, 엄마는 목사님께 여쭤보자고 아이를 데리고 교회로 온 것이다.

정말 지혜로운 어머니시다. 아이의 질문을 소중히 여기고, 그 질문에 대답하는 자세가 진실하고 성실한 어머니였다. 어머니의 수준에서도 충분히 아이에게 설명해줄 수 있었을 것이다. 아이도 어머니의 설명이면 이해할 수 있을 것이었다. 그런데 질문 하나에 여섯 식구가 차를 타고 울산에서 대구까지 오면서, 아이는 질문하는 것이 얼마나 큰일이며 소중한 일인지 알게 되었을 것이다.

교회는 아이들이 질문하는 모든 궁금증을 풀어갈 수 있는 지혜의 보고이다. 그러므로 주중에 자녀들과 함께 가졌던 모든 질문에 대한 대답을 구하고 활동하는 곳으로의 기능을 할 수 있는 곳이 교회다.

나는 그 아이를 마음 다해 격려하고 축복했다. 그리고 질문에 성심껏 대답해주었다. 교회를 떠나는 아이는 내가 해준 말을 다시 반복하며 해답을 얻은 듯 기쁨으로 돌아갔다. 말씀이 어떻게 꿀과 송이꿀보다 달 수 있을까? 나는 이렇게 대답해주었다.

"하나님의 말씀이 꿀과 송이꿀처럼 달게 느껴질 때까지 우리에게 말씀을 사모하라고 알려주시는 것 같구나. 우리 함께 말씀을 더 사모해서 다음에 말씀이 달게 느껴질 때 한번 더 만날까?"

아이는 신이 나서 돌아갔다.

말씀이 달기 때문에 사모하는 것이 아니다. 말씀의 맛이 나에게 달게 느껴질 때까지 사모하라는 의미다. 교회와 부모는 말씀이 달다고 가르치는 것이 아니라 말씀이 달게 느껴지도록 꾸준히 가르쳐야 할 의무가 있다.

엠마오교회는 온 성도가 주일 낮 예배를 함께 드린 후에 오후 2시가 되면 함께 말씀을 암송하고 활동하고 질문과 대답을 이어간다. 설교가 중심인 예배가 아니라 말씀이 더 많이 선포되는 시간이 필요했다. 그래서 주일 오후 예배 대신 자녀들과 함께 암송 모임을 한다. '차세대 암송 모임'이라고 이름하고, 그리기, 오리기, 글쓰기, 토론하기 등 다양한 활동으로 말씀암송 활동을 한다. 매달 암송한 말씀으로 퀴즈를 비롯한 다양한 게임을 하면서 아이들은 자기들이 암송한 말씀이 얼마나 유익하고 신나는지를 확인한다. 이구동성, 초성게임, 단어 연결하기, 사다리 타기, 보물찾기 등 다양한 활동은 아이들이 가장 즐거워하는 시간이기도 하다.

주일 오후가 되어 모든 순서가 끝났는데도 아이들은 집에 가려고 하지 않는다. 부모들은 그런 아이들의 모습을 보면서 교회 중심의 신앙생활이 이렇게 유익하다는 것을 깨닫게 된다. 교회가 젊어지는 지점이다.

자녀 신앙교육의 우선순위

여운학 장로님은 다음세대를 말씀암송으로 준비시키는 말씀암송 자녀교육에 도산 안창호 선생의 점진학교 모델을 접목하셨다. 점진학교는 안창호 선생이 공부와 수양을 계속하여 민족의 힘을 길러야 한다는 점진론을 바탕으로 평안남도 강서에 세운 민간 최초의 사립학교다. 점진학교에서는 점진적으로 힘을 길러야 하므로 '계속', 즉 '지속하는 것'을 중요하게 생각했다.

도산 선생의 무실역행(務實力行, 참되고 성실하도록 힘써 행할 것을 강조하는 사상)을 그대로 담고 있는 점진학교의 교육철학에 감명받은 장로님은 장학생인 우리에게도 민족개조운동을 위해 말씀암송을 지속해야 한다고 강조하셨다.

또한 안창호 선생이 민족중흥을 위한 교육 지침으로 지덕체(智德體)의 순서를 바꾼 덕체지(體德智)를 강조했음을 가르쳐주셨다. 사실 당시에는 지덕체나 덕체지나 다 같은 의미인 줄 알았다. 가르쳐주셔도 깨닫지 못하던 것들이 청개구리처럼 교회를 개척한 후에야 비로소 무릎을 치며 깨달아졌다. 도산 선생이나 여 장로님이 강조한 것은 '순서'였다. 순서가 어긋나서는 안 되었던 것이다.

교육에는 순서, 즉 우선순위가 있다. 도산 선생은 민족의 미래를 위해 우리 국민이 힘을 가져야 하는데 가장 우선적으로 학문을 하기 전에 민족의 정신, 곧 덕성을 길러야 한다고 강조했다. 그리고 체력이 약하면 아무리 공부를 해도 타인에게 굴복당하게 되므로 체력을 기르고, 그다음에 학문을 해야 한다고 주장했다. 이것이 나라를 잃은 일제 강점기의 현실 앞에서 도산 선생이 생각한 교육의 우선순위였다.

여운학 장로님은 다음세대를 위해 자녀교육을 실천하는 데 있어서 역시 우선순위가 중요하다는 것을 강조하며, 그 순서를 이렇게 적용하셨다. 신덕지체(信德知體)다.

인품(덕)이 고매한데 신앙이 없으면 무신론자가 되고, 지식(지)이 풍성한데 하나님을 아는 지식이 없으면 반신론자가 되며, 체력(체)이 왕성한데 하나님을 두려워하지 않으면 불량배가 된다고 했다. 그래서 모든 교육은 말씀을 가지고 신앙을 교육하는 것이 가장 우선이며, 그다음 덕성과 지식과 체력의 순으로 자녀교육을 해야 한다.

> 내가 네게 대하여 들은즉 네 안에는 신들의 영이 있으므로 네가 명철과 총명과 비상한 지혜가 있다 하도다
>
> 단 5:14

말씀으로 빚어내는 인품이 덕성이 되며, 하나님의 성품을 품은 자녀들은 다니엘과 같이 명철과 총명과 비상한 지혜가 있는 것이다.

신덕지체 주말학교

엠마오교회의 자녀교육도 여운학 장로님께 훈련받은 내용들이 그대로 적용되었다. 주일 예배를 통해서는 예배를 온전히 드리고 예배를 전수하는 데 노력을 기울였으며, 이에 그치지 않고 예수님이 제자훈련을 시키신 것처럼 자녀들에게 인격적으로 더 깊게 다가가기 위해 토요일에 주말학교를 운영하고 있다. 303비전의 정신을 따라 운영되는 '신덕지체 주말학교'다.

주말학교는 4교시까지 운영된다. 네 시간 동안 아이들은 신(信) 시간, 덕(德) 시간, 지(知) 시간, 체(體) 시간으로 보내며, 모든 시간은 통합교육으로 이루어진다.

매주 토요일 8시 50분에 아이들은 교회로 등교를 한다. 교회에 도착하면 부모님과 함께 잠깐 기도한 후에 아이들은 자기 자리로 가서 자신의 말씀 노트에 10분간 말씀 쓰기를 한다. 심비에 말씀을 새기듯, 손으로 말씀을 쓰고 난 후 9시가 되면 자신이 손으로 쓴 말씀을 보며 그 말씀을 소리 내어 암송한다.

1교시 신(信) 시간은 이렇게 시작된다. 1교시에는 암송한 말씀과 읽은 말씀을 가지고 한 시간 동안 노트를 쓰고 질문을 만들어서 서로 토론하여 서로의 결론을 발표한다.

2교시 덕(德) 시간은 인성과 인품 훈련이 이뤄진다. 그동안 교회에서는 성령의 열매를 중심으로 성품 교육을 해왔으나, 주말학교에서는 빌립보서 4장 8절을 암송하며 하나님의 사람은 하나님께도 인정받아야 하지만 세상 속에서도 인품이나 덕성이 사랑받을 만해야 한다는 것을 깨닫고 예절 교육을 실시했다.

> 끝으로 형제들아 무엇에든지 참되며 무엇에든지 경건하며 무엇에든지 옳으며 무엇에든지 정결하며 무엇에든지 사랑받을 만하며 무엇에든지 칭찬받을 만하며 무슨 덕이 있든지 무슨 기림이 있든지 이것들을 생각하라
>
> 빌 4:8

반듯한 자세로 앉기, 곧게 서서 걷기, 용모 단정하게 하기를 가르쳤다. 대화하는 법, 회의하는 법, 솔직하게 자신을 표현하기 위해 필요한 어휘들을 공부했다. 아침 저녁으로 부모님에게 정중하게 인사하기, 음식 차리기, 식사하는 습관, 수저 사용법 등 어린이집에서 배웠을 법한 아주 기초적인 예절 교육을 했다.

놀랍게도 아이들은 이런 내용의 교육을 제대로 받지 못했고, 또 배웠다 할지라도 유교적인 엄숙함 속에서 배운 탓에 예절 바른 태도를 권위적인 것으로 잘못 이해하고 있었다. 아이들은 덕(德) 시간에 습득한 예절 교육이 두고두고 인간관계를 맺을 때 유익했다고 반응하고 있다.

3교시 지(知) 시간에는 탈무드를 비롯하여 지혜로운 생각, 논리적인 생각들을 발표할 수 있도록 독서와 토론을 진행한다. 뜻밖

의 상황, 질문들과 대답, 예상치 못했던 상황과 결과들로 구성된 탈무드는 아이들의 사고에 지적 자극을 더해주었다.

3교시 후 20분 간 휴식하며 간식을 먹는데, 아이들은 스스로 테이블을 세팅하고 좌석을 마련하고 서빙을 한다. 그리고 간식을 먹은 후에 뒷마무리까지 깨끗하게 정리한다. 식사는 같이 시작해서 같이 마무리한다. 먼저 식사가 끝났어도 자리를 뜨지 않고 함께 대화한다. 음식을 먹는 자리는 먹는 것만이 목적이 아니라 함께 먹고 대화하는 곳이기 때문에 풍성한 대화와 나눔이 이어진다. 식사 예절 시간이다.

그리고 4교시 체(體) 시간은 다양하게 몸으로 하는 활동을 한다. 체육활동만 하는 게 아니라 아이들이 즐겁게 몸을 사용해서 표현할 수 있는 모든 종류의 활동을 이 시간에 한다. 몸으로 글씨 쓰기, 제기차기, 연날리기, 오징어 게임, 공기놀이, 달고나 만들어 뽑기, 돌깨기 등 공간 제약이 적고 즐겁게 할 수 있는 다양한 활동들을 한다. 특히 4교시는 부모가 함께 스태프로 참여하기도 하는데, 가장 즐거워하는 시간이다. 부모 역시 동심의 세계로 돌아가 함께 웃으며 즐거운 시간을 보낸다.

신덕지체로 진행되는 주말학교는 4년 8학기 과정으로, 초등학교 1학년부터 중학교 3학년 아이들이 참여한다. 8학기 차가 되면 개인성경연구가 가능하도록 지도하고 있다. 이렇게 8학기 과정을 모두 수료하면 수료여행으로 이스라엘 성지순례를 진행한다.

주말학교에서 성경을 배웠으니 성경이 기록된 지리와 역사에 대해 현장학습을 하도록 권장한다.

원래 주말학교는 학비가 없다. 그러나 부모에게 매 학기 20만 원의 장학금으로 받는다. 결석과 지각 없이 한 학기 과정을 마치면 학기 수료식을 하는 날 해당 자녀에게 장학금으로 20만 원을 지급한다. 아이들은 8학기 동안 성실하게 과정에 참여하면 160만의 부모 장학금을 받게 된다. 160만 원이면 이스라엘 왕복 항공료로 충분하다. 기타 경비만 추가하여 주말학교 아이들은 이스라엘 성지순례를 떠난다.

이스라엘에서 아이들의 눈에 들어온 지리와 배경, 역사는 성경의 말씀을 받아들이는 데 아주 큰 역할을 한다. 대한민국에서 역사 공부를 한 아이들은 세종대왕이나 이순신을 만나본 적이 없어도 그 존재를 믿는다. 마찬가지로 이스라엘 역사와 지리를 직접 보고 배우는 것은, 암송한 말씀 속에 있는 역사를 있는 그대로 받아들이는 데 큰 도움이 된다.

그뿐만 아니라 아이들과 함께 히브리대학교를 방문하는데, 그곳은 아인슈타인, 마틴부버, 프로이트 등이 설립에 크게 기여한 학교로 세계적인 대학으로 손꼽히는 명문이며, 노벨상 수상자를 15명이나 배출한 학교이기도 하다. 아이들은 학교 구석구석을 보며 학문에 뜻을 다지기도 한다.

매주 토요일은 아이들이 기다리는 시간이다. 학교 중에 제일 재미있는 학교가 주말학교라고 하면서 말이다.

꿈나무합창단

매일 말씀암송가정예배를 드리다가도 자녀들이 초등학교 고학년이 되면 지속의 한계와 어려움을 호소하곤 한다. 유아기 어린 아이들은 부모가 가르치고 지도하는 대로 따라오고 순종하는 편이다. 그러나 사춘기에 접어들 무렵부터 자녀들은 학교생활, 교우 관계, 학업 증가 등 여러 가지 이유로 가정과 교회에서의 신앙생활이 버겁다는 호소를 한다. 피로가 누적된 상태에서 부모와 자녀는 말씀암송가정예배를 자연스럽게 우선순위에서 뒤로 밀어내게 된다.

이때 교회의 역할이 중요하다. 교회는 가정에서 신앙 전수가 가장 우선적으로 이뤄질 수 있도록 자녀들의 관심과 정서를 말씀 중심으로 집중시키는 데 결정적인 역할을 해야 한다.

학교생활을 비롯한 자녀들의 주변 환경에서 교회가 가지고 있는 역량의 환경을 크게 만들어줄 필요가 있다.

자녀들은 등교와 하교, 그리고 방과 후에 갖는 여러 학습의 과정에서 삶의 구심점이 동심원을 그리며 서서히 가정에서 학교로, 가족에게서 친구 관계로 확대된다. 이는 자연스러운 현상이지만 그런 동심원의 환경에 교회가 역할을 감당하면서 신앙 환경을 제공해줄 수 있어야 한다.

엠마오교회에서는 2014년에 초등학생들을 대상으로 303비전 꿈나무합창단을 창단하여, 매주 월요일마다 모여서 합창 지도를 받으며 말씀을 암송한다. 부모로부터 벗어나 또래 에너지가 응집되고 있을 시기에, 아이들이 평일에 모여서 또래들과 함께 말씀을 암송하고 노래를 배우는 것은 즐거운 일이며, 아주 의미 있는 일이 된다.

> 온 땅이여 여호와께 즐거운 찬송을 부를지어다
>
> 시 100:1

꿈나무합창단을 통해 자녀들의 넘치는 에너지를 잘 소화해낼 수 있는 교회적인 공간과 시간으로 승화시킬 수 있다.

말씀암송 자녀교육에서 가장 중요한 것은 지속과 반복이라고 할 수 있다. 꿈나무합창단은 매주 정기적으로 모여서 지속적으로 찬양을 연습하고 꾸준히 말씀을 암송한다. 1년에 한 차례씩 정기연주회와 비정기적인 초청연주를 통해 자녀들은 말씀암송과 함께 하나님을 찬양하는 일에 뿌듯함과 자부심을 느끼게 된다. 아이들은 청소년이 될 때까지 말씀암송과 찬양을 통해 구별된 시간으로 성장할 수 있게 된다.

놀라운 것은 정기연주회마다 어린 자녀들을 보기 위해 할머니

할아버지를 비롯한 대가족과 친지들이 몰려온다는 것이다. 어른들이 자녀들을 얼마나 사랑하는지, 매번 정기연주회마다 성황을 이룬다. 그 자리에서 아이들은 찬양과 함께 그동안 암송한 말씀을 선포하는데 초청전도잔치와 같이 부모와 비신자 가족들은 선포된 말씀에 감동하고 은혜를 누리고 있다.

합창단 아이들은 초대되어 참석하는 식구들을 위해 눈물로 기도하며 말씀을 암송하고 찬양을 준비한다.

> 말씀이 육신이 되어 우리 가운데 거하시매 우리가 그의 영광을 보니 아버지의 독생자의 영광이요 은혜와 진리가 충만하더라
>
> 요 1:14

말씀이 육신이 되어 우리 가운데 거하시는 것처럼 어린 아이들의 마음에 말씀을 심어 '말씀이 노래가 되어'라는 표어로 아이들과 함께 합창으로 하나님을 노래한다. 특히 합창단원을 엠마오교회 교인들로만 구성하지 않고 지역의 여러 교회 크리스천 자녀들과 함께함으로, 자녀교육에 관심 있는 부모들과 자녀들이 함께하는 기독교 저변을 확대해나가고 있다.

현재까지 서울과 대전, 대구에 합창단이 활동하고 있고 모든 지역에서 어린 자녀들이 말씀을 암송하고 찬양으로 하나 되는 네트워크를 이루어 연합 찬양을 하는 날을 기다리고 있다. 전국에

서 말씀을 암송하는 아이들이 모여서 하나님께 찬양하고 말씀을 선포하는 영광을 상상만 해도 행복한 그날이 속히 오기를 기다리게 된다.

유스그룹

말씀암송 자녀교육을 하면서 가장 많이 받은 질문이 바로 청소년에 대한 내용이다. 사춘기 청소년들에게 어떻게 말씀을 암송시켜야 할 것인가 하는 질문이 많다. 또는 어려서는 말씀으로 키웠는데 사춘기에 접어들면 어떻게 해야 하느냐 하는 질문도 많이 받는다.

엠마오교회는 초등학교 6학년부터 고등학교 3학년까지의 청소년을 유스그룹이라 하여 소그룹으로 모이고 있다. 어려서부터 말씀암송으로 자란 아이들도 있고 중간에 출석하면서 합류하게 된 청소년들도 있다. 학업과 자신의 꿈을 펼치기에 상당히 지친 아이들이 교회에 오는 것만으로도 고맙다. 그런 고마움을 만날 때마다 표현하고 포상한다. 그리고 함께 있을 때 어린아이들과 함께 암송하는 시간에 노출해주는 것만으로 유스그룹 모임은 충분하다.

모두가 함께하는 말씀암송 시간이 끝나고 나면 청소년들과 함께 느낌과 소감을 SNS로 나누고 그냥 가만히 둔다. 그러면 아이들이 자연스럽게 모여 악기를 연주하거나 핸드폰을 만지면서 시간을 보낸다. 나는 그런 아이들이 주일에 교회에 와서 종일 있어주는 것만으로도 감사하다.

어려서부터 악기를 다루던 아이들이 지금 자라서 교회에서 찬양을 담당하고 반주를 하고 있다. 교회의 모든 장비는 아이들에게 어려서부터 장난감처럼 가지고 놀던 물건들이다. 그리고 여름과 겨울 방학이면 진행하던 수련회 프로그램을 빼버리고 아이들과 함께 여행을 다녔다. 제주도, 경상북도, 그리고 해외로 여행을 다니면서 막간에 말씀암송을 살짝씩 점검하며 아직 잊지 않았다는 생색 정도만 내게 해주면 된다.

그리고 매년 여름과 겨울에 진행하는 대구사랑걷기에 아이들과 함께한다. 몸이 고단하고 발바닥에 물집이 잡히고 근육통을 앓으면서 108킬로미터의 길을 청소년들과 함께 걷는다. 사춘기 아이들은 자기희생을 배우고 봉사를 배운다. 그리고 지역을 사랑하는 법을 배운다.

몸이 지쳐 한 걸음도 걷기 어려울 즈음에 하루 일과가 끝나면 보람과 함께 겸손을 배운다. 100구절의 말씀카드를 들고 길을 걷는다. 미처 다 암송을 못해도 손에 들고 있는 쪽지의 말씀이 이 땅에 편만하게 퍼져나갈 것을 믿는 믿음이 생기는 순간이다.

그렇게 대구를 한 바퀴 완주하고 나면 교회에서는 소정의 장학금(신사임당 장학금)을 주면서 치하하고 격려한다. 길을 걸으면서 우리는 어느새 동지가 되어 깊은 대화를 나누며 함께한다. 어느 날 사춘기를 지나 대학생이 된 아이들이 하나씩 둘씩 찾아와 삶의 다양한 질문들을 쏟아 놓으면서 홀로서기를 준비한다. 어려서부터 질문하고 답을 찾는 곳이 교회였기 때문에 가능한 일이다.

사춘기 자녀를 대하는 자세

많은 경험을 통해 청소년기의 자녀를 대하는 부모의 자세에 상당한 수정이 필요하다는 것을 알게 되었다. 부모는 자녀들의 어린 시절 예쁘고 순종적이고 유순한 모습에 대한 기억과 기대로만 자녀들을 양육하고 싶어 한다. 하지만 자녀들은 자라야 한다. 어린아이에서 청소년으로, 그리고 성인으로 자라가야 한다. 발달과업에서는 아이들이 성장하면서 변모하는 다양한 모습들에 대한 정보를 주고 있다.

부모들은 부모가 생각하는 사고 안에서만 자녀들이 자라기를 바란다. 그래서 불안하고 두려움에 사로잡힌 부모들은 환경과 주변 친구들 바꾸어가면서 자녀들을 그로부터 차단하고 오로지 기독교 문화 안에 가두어두려고 한다. 모든 것은 두려움에서 시작된다. 세상을 변화시키고 예수님의 제자로 복음을 증거하기를 바라면서도, 자기 자녀는 세상에 한 발짝이라도 들이는 것을 두려워한다.

청소년 시기는 그야말로 격동의 시기이다. 신체의 구성이 완전히 바뀌어 새로운 모습으로 탈바꿈하는 시기이다. 목소리, 피부, 신장, 외모 등 모든 부분에 있어서 낯설 정도의 변화가 두드러진다. 그런 변화를 부모는 싫어하거나 이상하게 생각하지 않는다. 당연하게 여길 것이다. 사춘기니까 말이다. 그러면 정서와 영적인 사고방식을 비롯한 내면의 변화도 받아들여야 하는 것이 아닐까?

그동안 부모의 말씀만 듣고 부모가 이해하는 방식대로 이해하던 모든 정보와 생각들이 새롭게 정립되는 시기이다. 그래서 마치 신앙에 회의를 품는 듯 질문하고 반문하고 의심한다. 부모는 이 시기를 보내는 자녀들을 보면서 불안해하기보다 더 따뜻하게 품고 이해하고 큰 그늘이 되어주어야 한다.

> 네 집 안방에 있는 네 아내는 결실한 포도나무 같으며 네 식탁에 둘러 앉은 자식들은 어린 감람나무 같으리로다
>
> 시 128:3

성경의 기록처럼 자녀들은 어린 감람나무와 같다. 어린 감람나무는 성장이 느린 편이어서 나무를 심으면 빨라도 7년이 지나야 열매를 맺고 제대로 수확하려면 20년이 지나야 한다. 그리고 100년을 넘어 수백 년까지 수명이 유지되는 나무다. 가정에서 자녀

는 느리게 자라서 오랫동안 열매 맺는 감람나무와 같다.

그러므로 지금의 자녀들을 보면서 미래를 예단하기보다 자녀들을 있는 그대로 받아주면 된다. 언젠가는 크게 자라 그늘이 되고 열매를 맺게 된다. 그래서 어려서 말씀을 심어준 자녀들은 마음속에 뿌리를 내리고 싹이 날 때까지 사춘기 기간 동안 부모들이 기다려주고 지켜봐주고 지지해주도록 권면한다.

사춘기 자녀를 둔 부모들에게 누가복음 15장에서 둘째 아들이 집을 나갈 때 아버지의 모습을 떠올려보도록 설명해준다. 아버지는 둘째 아들의 그릇된 판단도 존중한다. 아들을 직접 키워온 아버지가 둘째 아들이 아버지의 재산을 상속받아 나가서 곧장 망하리라는 것을 왜 모르겠는가? 아버지는 아들이 망할 줄 알았을 것이다. 누가복음 15장 탕자의 비유에서 아버지가 아들에게 나눠준 가장 소중한 재산은 탕자인 아들이 집으로 돌아올 수 있도록 불어넣어준 사랑의 용기였을 것이다. 아들은 망할 수 있어도 기도하는 아버지는 망하지 않고 늘 든든한 뒷배로 남아 있으며 언제든지 돌아와도 된다는 것을 암시적으로 보여주어야 한다.

탕자가 모든 것을 탕진하고 주린 배를 움켜쥐고 있을 때 마지막으로 남은 유일한 희망이 아버지의 품이다. 오늘날 우리 부모들은 자녀들에게 최후의 보루가 되어서 모든 것을 잃어버려도 부모는 그 아이를 포기하지 않을 것이라는 도피성이 되어주어야 한다. 그러므로 사춘기 자녀들과 최대한 갈등과 상처를 서로 주지 않도록 시간과 공간을 두도록 지도한다.

어린아이들은 부모를 한시도 떠나지 않으려 한다. 하지만 사춘기 청소년들은 또래와 친구, 세상으로 거침없이 달려가는 브레이크 없는 전차와도 같다. 그때 아이들이 마지막으로 돌아올 곳이 가정이며 집이 되어주도록 가정은 사춘기 자녀들에게 언제나 열려 있고 수용하고 용서하는 공간의 자리가 되어야 한다.

교회는 사춘기 자녀를 둔 부모에게 징검다리 역할을 충분히 해주어야 한다. 사춘기 아이들에게 또래를 만들어주고, 놀거리를 만들어주고 교회에서 사춘기 청소년들의 응어리가 해소될 수 있는 장치를 마련해주어야 한다. 교회는 사춘기 청소년들의 거룩한 놀이터가 되어주어야 한다.

세 번의 특별가족예배

주일학교 프로그램이 따로 없는 교회의 특성상 평소에는 어린 아이들이 모두 부모님과 함께 주일 대예배에 함께 참석한다. 그 모습을 기특하게 여긴 어른 성도들의 배려로 1년에 3개월은 예배 자체의 포맷을 어린이 중심으로 바꾸어 특별가족예배를 드리자는 제안을 해주었다. 어른들의 배려가 참 고마웠다.

5월은 가정의 달 특별가족예배로, 8월에는 여름 특별가족예배로, 12월은 성탄절 특별가족예배로 드리며 어린이들의 눈높이에 맞는 예배로 전환했다. 자녀들이 어른들의 모임에 적응한 것처럼 3개월은 어른들이 어린이 중심 예배에 적응해야 했다.

5월 가정의 달이 되면 4주 동안 어린이, 어버이, 부부, 공동체라는 네 가지 주제를 정하여 교회가 가정을 얼마나 소중히 여기는지 다양한 순서와 함께 예배를 드린다.

어린 자녀들을 둔 가족이 대표기도를 하고, 어린이들이 특별찬양을 한다. 그리스도 안에서 건강하고 행복한 부부가 출산과 양육, 자녀교육에 지대한 영향을 미치기 때문에 부부를 위한 특별주일예배도 준비해서 드린다.

5월 마지막 주일에는 공동체 주일로 지킨다. 아직 예수를 믿지 않는 가족 구성원이나 이웃을 초대해서 정성스럽게 준비한 식탁에서 함께 식사를 한다. 가족 단위로 모여 잘 차려진 한 번의 식사를 예배 모임으로 갖는다. 5월은 가정의 달 특별가족예배를 통해 자녀들과 다음세대를 사랑하고 돌보는 가정 천국의 시간이 된다.

보통의 경우 여름방학 기간이 되면 3,4일 정도의 일정으로 여름성경학교가 진행되거나 하계수련회 프로그램이 진행된다. 그 여름 프로그램을 위해 교회에서는 적지 않은 예산과 에너지가 소모된다.

엠마오교회에는 여름성경학교와 같은 아이들만을 위한 프로그램이 따로 없다. 대신, 매년 8월이 되면 여름 특별가족예배를 드린다. 이 기간 동안에는 어린이들의 눈높이에서 모든 예배가 진행된다. 어린이들이 찬양을 인도하고, 어른들은 성경의 사건들을 중심으로 코스프레 복장을 하기도 한다. 예배 전 복습 활동과 드라마, 성도들과 아이들이 참여하는 율동과 찬양, 말씀암송 등 다양한 프로그램으로 주일 낮 예배가 드려지는 것이다.

그리고 12월에는 대림절 절기를 지키면서 성탄절 특별가족예배로 4주의 시간을 보낸다. 이때는 절기 교육으로 의미 있는 시간을 보낸다. 4주간 대림절의 절기를 특별가족예배의 형태로 예배하면서, 오신 예수님을 축하하고 다시 오실 예수님을 경건하게 기다리는 초와 장식들로 함께 예배당을 꾸민다. 교회 밖으로 드러나는 화려한 장식보다는 예배당 안에 아이들과 부모들이 각양의 성탄 트리와 장식으로 매주 조금씩 꾸며나간다.

이런 시간들을 통해 성탄절을 밤거리에서 보내는 것이 아니라 교회에서 가족과 함께 다양한 행사와 프로그램과 식사 모임 등으로 보낼 수 있도록 공간을 열어둔다.

특별가족예배가 있는 달은 넥타이도 풀고, 정장과 목회 가운도 캐주얼한 복장으로 바꾼다. 아이들과 같은 티셔츠를 입고 강대상이 없는 무대에서 예배를 진행한다. 찬양도 어린아이들이 즐겨 부르는 찬양으로 함께 찬양한다.

성경암송과 함께 드라마, 콩트, 퀴즈, 율동 등의 다양한 활동을 하는데, 어린아이들보다 오히려 어른들이 더 동심으로 돌아가 즐거움으로 하나님께 예배드리게 된다. 이 모습을 보시는 하나님

또한 기뻐하시리라 믿는다.

다음세대를 지키는 교회공동체

자녀들은 교회에서 모든 성도의 관심과 사랑 가운데 성장한다. 예배는 교육이자 문화가 되어 어른들이 누리는 은혜를 자연스럽게 자녀들이 본받아 함께하게 된다. 그런 어린 자녀들은 나이가 들어서도 자연스럽게 가족이 함께하는 교회를 찾아 나서게 된다.

특히 작은 교회들은 교회의 규모가 커야 할 필요에 관심을 갖기보다 성도들과 가족들을 위하여 교회가 어떤 공동체로 존재할 수 있을지를 고민해야 한다. 목회자들이 교회를 개척하고 나서 중형교회로의 성장을 꿈꾸면서 목회를 하는 동안 목회자의 눈높이는 자신이 섬기고 있는 개척교회에 늘 불만일 수밖에 없다. 그런 불만족을 성도들도 동일하게 느끼게 된다. 그렇게 되면 작은 교회가 누릴 수 있는 행복감은 사라져버리고 성도들도 행복하게 교회를 섬길 수가 없게 된다.

오늘날 작은 교회들은 가족 단위로 신앙생활하는 것의 필요성을 더 확대시킬 수 있는 좋은 모델들이 되어주어야 한다. 성도들이 큰 건물과 대형화된 교회의 구조를 선호하는 것이 아니다. 성도들은 지금도 가족 같은 분위기에서 자녀들과 함께 건강하고 행복한 신앙생활을 하기 원한다. 교회를 성장시키는 일에 쏟았던 에너지를 이제는 가정으로 돌려보내어 가정을 성숙하게 해야 한다. 그럴 때 다음세대는 안전하다.

04

마음에
새기는
하나님
말씀

ROMANS 8 : 28

13

들으라,
마음에 새기라

태초에 말씀이 계시니라
이 말씀이 하나님과 함께 계셨으니
이 말씀은 곧 하나님이시니라

요 1:1

하나님의 말씀이 흑암 같은 내 인생에 빛이 되었으며, 엠마오 교회로 흘러 교회를 비추는 빛이 되어 교회를 일으켰다. 그리고 이 말씀이 우리의 자녀들에게로 흘러 다음세대를 준비하는 하나님의 능력이 되고 있다. 이번 파트에서는 말씀암송 자녀교육의 이론과 실제적인 부분을 소개하려고 한다.

나는 엠마오교회를 개척하면서부터 말씀암송 자녀교육을 꾸준히 실천해왔다. 영국 유학시절, 구약신학에 눈을 뜨고 난 후부터 목회를 하면서 꾸준히 공부하여 말씀암송과 관련된 구약신학으로 학위를 취득했고, 오늘 우리가 읽고 듣는 성경 말씀이 우리에게 도달하기까지 기록과 저장의 과정에 대해 연구했다. 그 내용

중에서 말씀암송과 관련된 것들을 소개하고 실제적인 대안을 제시해보려고 한다.

암송과 기록

성경 본문은 문자로 기록되기 이전에 상당한 기간 동안 구전이라는 과정을 거쳐서 기록으로 남게 되었다. 가장 초기에 하나님의 말씀이 임하시고 성경 기자들은 하나님의 말씀을 귀로 듣고 눈으로 보았다.

모세는 시내산에서 돌판에 기록된 십계명의 말씀을 받았고 성막과 규례를 하나님께 직접 들었다. 시내산에서 내려와서 십계명의 돌판은 언약궤 안에 넣어 보관했고 성막과 율법의 내용은 이스라엘 백성들에서 선포하여 실천하게 했다. 귀로 들은 하나님의 말씀을 모세는 정확하게 기억했고, 이스라엘 백성들도 들은 대로 순종했다.

이 과정에서 들음과 순종, 그리고 암송이라는 관계가 성립된다. 현재 우리가 읽는 모세오경이 두루마리 기록으로 보존되기 시작한 것은 그로부터 천년이 지난 포로기 즈음이었다. 그렇다면 모세의 때로부터 전해진 하나님의 말씀은 어떤 형태로 보전되어 이스라엘 백성들에게 전해져왔을까?

성경 말씀은 가장 초기 단계에는 글로 기록되지 않았다. 하나님께서 전해주신 말씀을 백성들에게 말로 전달하는 구전의 방식으로 전해졌다. 입에서 귀로 전해진 하나님의 말씀이 백성들 속에 기억으로 남아 있다가 어느 순간에 글로 기록되었다. 고대 사회에서 기억은 정확하고 분명하게 하나님의 말씀을 저장할 수 있는 저장장치였다.

오랜 시간 입으로 전해지던 하나님의 말씀이 성령으로 영감되어 오늘날 우리가 읽을 수 있는 성경으로 기록된 것이다. 구전으로 전해지던 하나님의 말씀이 어떻게 글로 남게 되었는지, 그 과정을 아는 것은 말씀암송이 얼마나 중요한지를 아는 데 도움이 된다.

말씀암송은 고대 이래로 하나님께서 자기 백성에게 주신 가장 위대한 선물이다.

하나님을 내 안에 모셔 들이는 거룩한 수고

303비전성경암송학교에서는 말씀암송을 이렇게 정의한다.

"말씀이신 하나님을 내 안에 모셔 들이는 거룩한 노동이요 즐거운 수고이다."

태초에 말씀이 계시니라 이 말씀이 하나님과 함께 계셨으니 이 말씀은 곧 하나님이시니라 그가 태초에 하나님과 함께 계셨고 만물이 그로 말

미암아 지은 바 되었으니 지은 것이 하나도 그가 없이는 된 것이 없느니라

요 1:1-3

'말씀이신 하나님'이란 표현을 어떻게 이해하면 좋을까? 하나님은 우리에게 어떤 모양도 형상도 보여주신 적이 없다. 그래서 이스라엘 백성들에게 하나님을 대신할 만한 어떤 형상도 만들지 말라고 하셨다. 그리고 하나님은 구름과 연기 가운데서 음성과 소리로 이스라엘 백성에게 말씀하셨다.

신명기 4장 12절에서는 하나님은 형상으로는 자기 백성에게 보이신 적이 없으시나 음성으로 말씀하시는 분이라고 하셨다.

여호와께서 불길 중에서 너희에게 말씀하시되 음성뿐이므로 너희가 그 말소리만 듣고 형상은 보지 못하였느니라

신 4:12

성경으로 기록된 하나님의 말씀은 하나님께서 자신을 성경 기자에게 계시하시고 영감하셔서 우리가 읽을 때 하나님을 경험하도록 기록된 하나님의 감동이다. 그러므로 우리는 성경으로 기록된 말씀을 하나님이라고 고백한다.

태초부터 있는 생명의 말씀에 관하여는 우리가 들은 바요 눈으로 본 바요 자세히 보고 우리의 손으로 만진 바라 이 생명이 나타내신 바 된지라 이 영원한 생명을 우리가 보았고 증언하여 너희에게 전하노니 이는 아버지와 함께 계시다가 우리에게 나타내신 바 된 이시니라

요일 1:1,2

모든 성경은 하나님의 감동으로 된 것으로 교훈과 책망과 바르게 함과 의로 교육하기에 유익하니

딤후 3:16

하나님의 감동으로 된 하나님의 말씀을 마음에 새길 때 말씀이신 하나님을 경험하게 된다. 그러므로 성경암송학교에서는 말씀이신 하나님을 내 안에 모셔 들이는 것을 말씀암송이라고 정의한다.

암송과 암기

성경암송학교를 진행하면서 성경암송을 부담스러워하는 성도들이 가장 많이 쓰는 표현이 이것이다.

"나는 기억력이 나빠서…."

그러나 성경암송은 기억하는 것이 아니다. 기억은 '암기'와 관련된 표현이다. 성경은 암기하는 것이 아니라 암송하는 것이다.

암송과 암기는 다르다. 암기는 기억을 목적으로 어떤 정보를 기억장치에 저장하는 것이다. 단기기억, 중기기억, 장기기억장치에 정보를 저장하여서 자주 활용하는 정보는 오래 기억하기도 하고 반대로 금세 잊어버리기도 한다. 암기는 뇌의 기억장치에 넣어두는 정보와도 같다.

마치 도서관에 장서가 보관되어 있는데 그 책이 있는 위치를 정확히 모르기 때문에 찾지 못하는 경험을 하게 되는 것과 같다. 암송은 그렇게 저장된 정보를 반복적으로 끄집어내어 꾸준히 사용하는 역할을 하는 것이다.

암기가 주로 뇌에 저장하는 입력 기능으로서의 기억을 의미한다면 암송은 출력을 위한 기억의 사용과 관련되어 있다. 기억한 것을 끄집어내어 입으로 말하는 데는 기억 이상의 노력, 반복, 습관이 요구되기 때문이다. 여기서 암송은 기계적 암기가 아니며, 언어 이해와 사용을 위한 재료를 준비하는 기초과정이자 어휘, 구조, 발음을 학습하고 내재화하는 선행과정에 해당한다.

반복적인 연습이나 암송은 기억의 형성 과정에서 필수적이며, 특히 암송은 빠른 속도로 회상할 수 있도록 해주는 일종의 기억연습이다. 암송학교에서 말하는 기억방식은 두뇌 활성화의 방법에 의존하지 않는다. 암송학교에서는 암송할 때 모든 순간에 신체적인 움직임이 동반된다. 그래서 말씀을 암송할 때 얼굴 표정이나 음성의 높낮이, 몸을 좌우로 흔드는 행위들을 함께 하도록 지도한다.

많은 성도들이 성경을 암기하려고 하기 때문에 힘겨워하며 부담스럽게 여긴다. 뇌를 많이 쓰는 형태로 성경을 암기하다 보면 결국 500절을 넘어 1,000절 암송에 도달하지 못하고 포기하게 된다.

그러므로 성경은 암기하지 말고 암송해야 한다. 암송은 영어로 'recite'(낭독하다)라고 한다. 'remember'(기억하다)라고 하지 않는다. 암송은 반복해서 낭독하는 것이다. 같은 말씀을 끊임없이 반복하여 습관이 되게 하는 것이 암송이다. 즉, 뇌에 정보를 저장하는 것이 아니라 온몸에, 근육과 습관에 정보가 스며들게 하는 것이다.

성경암송은 지속적으로 말씀을 사모하고 반복하고 이야기하는 과정에서 생긴 언어능력과도 같다. 암기하려고 하지 말고 반복하고 또 반복하여 습관이 되면 그 결과로 말씀은 암송된다. 영어권에 살면 영어를 사용하는 것이 어색하거나 불편하지 않다. 말씀권에 살면 말씀을 가지고 말하는 것이 불편하지 않을 것이다. 말씀암송은 지속되고 반복되게 흘러나오는 소리의 결과이다.

듣는 것이 첫 단계이다

말씀암송을 위한 첫 단계는 들음에서 시작된다.

> 그러므로 믿음은 들음에서 나며 들음은 그리스도의 말씀으로 말미암
> 았느니라
>
> **롬** 10:17

믿음의 시작은 '들음'에서부터이다. 우리가 하나님의 말씀을 듣는 그 순간이 믿음이 시작되는 지점이다. 예수님도 '들음'을 복으로 여기셨다.

> 그러나 너희 눈은 봄으로, 너희 귀는 들음으로 복이 있도다 내가 진실
> 로 너희에게 이르노니 많은 선지자와 의인이 너희가 보는 것들을 보고
> 자 하여도 보지 못하였고 너희가 듣는 것들을 듣고자 하여도 듣지 못하
> 였느니라
>
> **마** 13:16,17

말씀암송 자녀교육의 첫 단추 역시 '들음'이다. 기억하게 하려 하지 말고 들려주어야 한다.

구약 성경 기자들은 그들이 쓴 글을 읽게 하기 위해 기록한 것이 아니다. 낭독되어 들려주기 위해 기록했다. 특히 모세는 신명기 말씀을 백성들에게 '들려주기' 위해 기록했다. 종교현상학자인 비덴그렌(Geo Widengren)은 이렇게 말했다.

"구약의 기자는 귀로 듣는 청중들을 위해 그 글을 기록하였다.

하나님의 말씀을 문서로 기록한 가장 중요한 이유는 큰 소리로 읽기 위한 것이었으며 외우기 위해서였다."

요시야 시대에는 성전에서 발견된 문서를 서기관이 왕에게 읽어주었으며, 왕은 그 문서를 백성들에게 읽어주었다.

> 왕이 여호와의 성전 안에서 발견한 언약책의 모든 말씀을 읽어 무리의 귀에 들리고
>
> **왕하 23:2**

사무엘상 15장 22절에서 사무엘은 "순종이 제사보다 낫고 듣는 것이 숫양의 기름보다 나으니"라고 했다. 여기서 '순종'으로 번역한 단어의 원어는 '샤마아'인데, 이 단어의 기본 뜻은 '듣는 것'이다. 원어의 의미를 살려서 사역하면 "듣는 것(샤마아)이 제사보다 낫고 귀를 기울이는 것(사먀아)이 숫양의 기름보다 낫다"라고 할 수 있다.

또한 이 말씀은 두 번 연속으로 같은 표현을 써서 강조한 표현이기도 하다. '듣는 것'이 제사보다 낫고 또 '듣는 것'이 숫양의 기름보다 낫다는 의미다.

우리가 하나님의 말씀을 귀로 듣고 반복해서 듣고 새겨들을 때 순종이 나타나게 된다. 자녀들이 부모에게 불순종할 때 우리는 '말을 안 듣는다'라고 한다. 충분히 듣고 새겨듣지 않았기 때문에

불순종으로 드러나는 것이다.

국가는 재난의 현장에서 매뉴얼이 얼마나 중요한지 강조해왔다. 매뉴얼은 단순한 기록물이 아니다. 듣고 또 들어서 암송하여 어떤 상황이 닥칠 때 즉각적으로 행동할 수 있는 지침이 되기 때문이다. 우리가 하나님의 말씀을 듣고 또 들을 수 있다면 그것이 암송되어 순종의 열매를 맺게 된다.

그러므로 말씀암송 자녀교육을 위해서 가장 먼저 하나님의 말씀을 듣는 환경의 조성이 필요하다. 부모의 소리와 자녀들의 귀가 필요하며, 어느 곳이든 눈으로 보고 마음으로 새기기 이전에 입으로 낭독하고 귀로 듣는 물리적 행동이 암송으로 향하는 첫걸음이라고 할 수 있다.

말씀을 가까이하는 것이 하나님을 가까이하는 것

하나님은 형상으로 자신을 보여주지 않으셨기 때문에 어떤 형상이라도 만들어서 신으로 섬겨서는 안 되지만, 음성으로 들려주시고 말씀으로 우리에게 계시하셨기 때문에 하나님의 말씀을 가까이하는 것은 곧 하나님을 가까이하는 것이다.

무엇보다도 모세는 신명기 말씀을 통해 하나님의 말씀을 듣고 마음에 새기는 일이 마음과 뜻과 힘을 다하여 하나님을 사랑하는 일임을 분명히 하고 있다(신 6:4,5)

성경은 초기에 암송으로 전승되는 '구전전승'(Oral Tradition)의 형태로 전수되었다. 백성들은 모세를 통해 전해 들은 하나님의 말씀을 마음에 새겼다. 3500여 년 전에는 필기구도 없었고, 저장 매체도 희귀했으며, 두루마리로 무엇을 기록할 만한 장치가 드문 시대였다. 그러므로 구약시대 백성들이 하나님의 말씀을 기록하는 유일한 저장장치는 귀로 듣고 마음에 새기는 것이 전부였다. 그래서 귀로 전해 들은 하나님의 말씀을 되뇌이고 반복하여 그 정확성을 유지하도록 암송(recite)하게 된 것이다. 공동체가 함께 암송했기 때문에 기억의 오류와 오차가 생길 때마다 수정하고 바로 잡아 하나님의 말씀을 보존할 수 있었다. 기억공동체였던 것이다.

물론 모세 시대 때에도 책에 기록하여 남겼다는 기록은 있다.

여호와께서 모세에게 이르시되 이것을 책에 기록하여 기념하게 하고 여호수아의 귀에 외워 들리라 내가 아말렉을 없이하여 천하에서 기억도 못하게 하리라

출 17:14

그러나 고대의 기록은 기념, 신의 임재의 상징(십계명 돌판), 그리고 기억을 위한 장치로서의 기록이었다. 고대로부터 당대의 중요한 사건들에 대한 기록이 '기억을 위해' 간직되었음을 알 수 있

다. 그런 특별한 경우를 제외하면 모든 기록은 기억과 구술에 의존했다. 기록에 의한 기억이라기보다 기억을 위한 기록이 존재했던 시대가 구약시대였다.

구약성경 시대의 사람들은 기억을 위해 이미지와 상징, 글의 기록을 사용하였다. 구약시대 하나님의 백성들에게 가장 신뢰도가 높은 기억의 수단은 구술이었다. 입으로 말하여 귀로 듣는 청각언어 중심의 기억은 고도로 발전된 형태의 말씀 보존수단이었다.

그래서 '들으라'라고 모세가 전하는 '들음'은 순종의 의미보다 실제로 귀로 듣고 말씀을 새기라는 의미로 더 강하게 적용된다. 그러므로 오늘날 활자와 책으로 이미 존재하고 기록된 하나님의 말씀을 대하는 과정에서도 낭독하여 귀로 듣고 마음에 새기는 구술의 과정은 성경암송에 있어서 중요한 역할을 한다.

말에 담긴 창조력

문서 시대를 넘어 시각화 시대, 디지털 시대를 살아가는 현대인들에게 입에서 입으로, 말을 통해 어떤 정보를 전달하는 구전의 신뢰도는 상당히 낮게 인식된다. 기억이 제한되어 있다는 것과 기억은 시간이 지남에 따라 변하고 쇠퇴한다고 여기기 때문이다. 또한 기억하는 사람이 얼마든지 기억의 과장이나 축소를 할 수 있다는 위험성도 가지고 있기 때문에 우리는 기억보다는 기록이 더 중요하다고 인식한다.

그러나 말로 존재하지 않는 것은 문자로도 기록할 수 없고, 말로 표현하지 못하는 것은 지식으로도 환원이 불가능하다. 이런 특성을 따라 '구술'은 인간의 가장 근본적인 능력이라 할 것이다. 구약 당시에도 의미의 전달은 기록된 글이 아니라 입으로 전하는 말씀이었다.

또한 하나님이 자신을 계시하는 수단도 구술 언어적 표현이었다. 고대 사람들은 태초부터 신성한 말은 창조력을 지녔다고 여겼다.

하나님이 이르시되 빛이 있으라 하시니 빛이 있었고

창 1:3

빛이 창조되기 이전에 하나님의 이르심(말씀)이 있었다. 요한은 이 말씀이 곧 하나님이라고 선언했다. 그러므로 우리는 하나님의 말씀을 들을 때, 소리 내어 그 말씀이 선포될 때 하나님의 임재를 경험하는 자리로 나아가게 된다.

이렇게 말의 형태로 저장된 하나님의 말씀을 잊지 않기 위하여 구약시대 사람들은 그 말씀을 끊임없이 반복하고 재생했다. 고대 사회에서 이런 '반복'은 구술적 전통, 기억의 전통, 그리고 지혜를 작용시키고 효과적으로 그것을 실천할 수 있는 순종의 단계에 이르게 하는 과정이었다.

반복 암송으로 자녀 마음에 말씀을 새기라

현대 이스라엘 교육에서 하브루타 교육법이 강조되는 것은 유대인들이 전통적으로 '말의 힘'이 문자적인 수단보다 강력하다는 것을 인식해왔기 때문이다. 유대인은 책에 기록된 정보보다 말로 전해진 기억의 정보를 더 소중히 여긴다.

탈무드에서 "집에 불이 나면 무엇을 가지고 나가겠느냐"라는 질문에 대한 랍비의 대답은 이것이다.

"아무것도 가지고 나갈 필요가 없습니다. 세상의 것은 다 불태워도 머릿속에 있는 지식은 불태울 수 없기 때문에 머리만 있으면 됩니다."

지금도 이스라엘 교육의 현장에서는 교재 의존도가 낮고 토론과 대화를 통한 교육을 중요하게 다루고 있다. 구약학자인 조지 라이트(George Ernest Wright)는 고대 이스라엘 종교는 이야기를 낭송하는(recital) 종교였다고 정의했다. 라이트에 의하면 이스라엘 백성이 하나님의 백성으로 종속될 수 있는 것은 율법이 아니라 반복되는 역사 이야기를 통해서였다.

구약시대 이스라엘에 역사하신 이야기를 반복해서 이야기하는 과정을 통해 백성과 하나님은 친밀한 관계를 유지할 수 있었다.

율법의 계명으로 하나님과의 관계가 유지되는 것이 아니라 역사 이야기를 반복해서 전하는 과정에서 계시된 하나님과 백성의 관계가 유지되었으며, 율법의 계명을 지키는 원동력이 되었다. 고대로부터 하나님과 백성의 관계는 공동체 속에 전승되는 이야기들을 반복해서 '말함'으로 유지해왔다.

현대 사회에서는 문자가 없거나 많이 배우지 못했던 고대 사회처럼 암송에 의존할 필요는 없다. 기록된 문헌이 있고 기록할 수 있는 저장 매체도 풍부하다. 더 나아가 기록한 본문을 검색하고 색인하는 전자 문서의 역할도 뛰어나다.

전자 문서, 디지털 성경을 포함하여 시각화된 문자로서의 성경이 있는데도 불구하고 우리가 귀로 듣고 입으로 말하는 방식의 성경 읽기를 해야 하는 이유가 무엇일까?

미디어 생태학자 월터 엉에 의하면, 책으로 기록된 하나님의 말씀이 시각화된 문자로서 존재할지라도 처음 전승의 단계에서 구술되고 암송된 기억의 기록이기 때문에 성경을 문서로 대하기보다 말로 대해야 한다고 강조한다. 성경 본문의 말씀이 말로 전달될 때 문자에 갇혀 시각적으로 존재하던 본문이 처음의 구술로 전달되었던 그 과정을 복원하여 생명력을 얻게 된다.

그뿐만 아니라 그 소리들은 본문 안의 다른 텍스트와 상호 작용하면서 역동적 의미를 창조해내는 특징이 있다. 그래서 성경 말씀을 읽을 때 소리를 내어서 읽어야 하며, 성경은 '들으라'를 의미 있는 선언으로 명령하시는 것이다.

우리는 책에 기록된 하나님의 말씀을 손에 들고 있다. 이 말씀을 자녀들에게 전승해야 한다. 자녀들이 손으로 성경을 펼쳐서 읽을 때까지 기다릴 수 없다. 귀가 열려 있을 때 가장 초기의 신앙 전승 방법인 말씀암송을 선택하여 자녀들에게 들려주어야 한다. 가정과 집단에서 말씀이 낭독되고 반복되게 이야기될 때 말씀은 자녀들의 마음 판에 새겨져 지워지지 않는 영원한 하나님의 말씀으로 고백될 것이다.

3차 산업혁명시대는 IT기술의 발달과 거대한 저장장치를 개발하여서 인간의 기억을 불필요하게 만들었다. 손바닥보다도 작은 스마트폰과 새끼손가락만 한 컴퓨터 저장장치 하나면 우리의 모든 기억을 다 소장할 수 있을 정도로 기술이 발전했다. 그러나 그 기억이 나의 것인가? 스마트폰과 저장장치가 사라지면 순식간에 인간 존재도 기억에서 사라질 위기에 놓였다.

더 나아가 현재의 4차 산업혁명시대는 거대 저장장치에 기록된 빅 데이터(Big Data)를 인공지능이 분석하고 연산하여서 스스로 사고하는 단계에까지 이르렀다. 더 이상 우리는 사고할 필요도 없게 되었다.

기록장치가 있으니 기억하지 말고, 알고리즘이 생각을 하게 해주니 생각하지 말라는 현대의 메시지를 우리는 영적으로 해석해보아야 한다. 우리의 자녀들이 더 이상 자신의 기억을 사용하지 않고 머리로 사고하지 않는 동안 일어날 다음세대를 예측할 수 있어야 한다. 인류는 점점 도태되고 소수의 뛰어난, 소위 반도체 인재만이 세상을 지배하게 될 때 인류는 또 한 번의 위기를 직면하게 될 것이다.

우리의 자녀들을 위하여 하나님께서 '들으라, 마음에 새기라, 네 자녀에게 부지런히 가르치라'라고 하신 명령을 마음에 새기고 실천해야 한다.

14

소리 내어 낭송하고
읊조리며 묵상하라

언어도 없고 말씀도 없으며 들리는 소리도 없으나
그의 소리가 온 땅에 통하고 그의 말씀이 세상 끝까지 이르도다
하나님이 해를 위하여 하늘에 장막을 베푸셨도다

시 19:3,4

신구약 성경은 1600여 년 동안 40여 명의 성경 기자가 기록한 하나님의 말씀이다. 서로 다른 사람들이 완전히 다른 시간대에 살면서 기록한 하나님의 역사가 인류의 구원에 관한 통일된 주제의 진리라는 것은, 기록된 그 자체가 기적이며 하나님의 영이 감동한 말씀이란 증거다. 성령의 영감으로 기록된 말씀이므로 당연히 성령의 도우심을 따라 말씀을 읽고 깨닫게 된다.

하나님의 말씀과 구약시대의 장면과 사건이 처음부터 글로 기록된 것은 아니다. 오랜 시간 동안 보고 들은 것을 말의 형태로 전달하다가, 어느 순간에 문자로 기록하였다.

모세가 시내 산에서 받은 하나님의 말씀도 십계명을 기록한 돌

판을 제외하고는 모두 계시의 형태로 모세에게 직접 하나님이 들려주신 말씀이었다. 모세는 시내 산에서 들은 말씀을 들은 대로 이스라엘 백성에게 전달했고, 순종함으로 기억했다.

모세는 모세오경의 말씀(토라)을 적어도 본인이 죽기에 직전 느보산에서 기록했는데, 문서로 남겨 보관할 목적이 아니라 낭독하여 들려주기 위해 기록한 것이다.

> 또 모세가 이 율법을 써서 여호와의 언약궤를 메는 레위 자손 제사장들과 이스라엘 모든 장로에게 주고 모세가 그들에게 명령하여 이르기를 매 칠 년 끝 해 곧 면제년의 초막절에 온 이스라엘이 네 하나님 여호와 앞 그가 택하신 곳에 모일 때에 이 율법을 낭독하여 온 이스라엘에게 듣게 할지니
>
> 신 31:9-11

시내 산에서의 계시가 기록이 되는 과정을 개략적으로 살펴보면 다음과 같다.

Event(시내 산 계시) → Speaker(여호와) → Listener(모세) → Speaker(모세를 포함한 전달자) → Author(모세가 기록, 낭독을 위한 기록) → Speaker, Reader(낭독자, 전달자) → Manuscript(사본) → Translate(번역) → Reader(독자)

하나님의 말씀이 전해지고 글로 기록되어 우리가 비로소 읽게 되는 과정에는 말씀하시는 하나님과 듣는 모세, 말하는 모세와 듣는 백성, 백성과 백성이 있었다. 그리고 오랜 시간이 지나 기록되고 번역되어 우리 손에 들려지게 된 것이다.

위의 과정에서 알 수 있는 것은 고대의 기록물은 보관하거나 눈으로 읽기 위함이 아니라 말하여 들려주기 위해 기록되었다는 것이다. 문서로 기록되기 전에 기록물이 없는 상태에서도 들은 것을 전달할 수 있는 '말하는 자'가 있었다.

성경은 들려주기 위해 기록되었다

구약성경 히브리어 사본은 모음이 없는 자음으로만 기록되었다. 한글도 자음으로만 기록한다면 제대로 읽을 수 있는 사람은 별로 없을 것이다. 기억을 되살리기 위한 확인용으로 기록했다고 볼 수 있다.

특히 바벨론 포로 후기에는 유대인들은 히브리어에 익숙하지 않았고, 오히려 아람어를 사용하는 사람들이 더 많았다. 그래서 자음으로만 기록된 히브리어 성경을 당시 사람들은 더더욱 읽을 수 없었다. 암송하지 않고는 읽을 수 없던 성경이 히브리어 구약 사본이었다.

주후 7-11세기, 맛소라 학자들이 자음으로만 된 구약 히브리어 성경에 모음을 달기 시작했다. 조상으로부터 전해져 온 성경의 정확한 형태를 보존하고 후대 사람들이 읽고 암송할 수 있도록 모음체계를 부여하고 엑센트를 기록하고 주석을 달아 다시 기록한 것이 '맛소라 사본'이다. 그것이 오늘날 우리가 사용하는 구약성경(BHS)이 되었다.

문자의 경우, 독자와 저자의 거리는 크게 문제 삼을 필요가 없다. 기록된 문서만 있으면 저자가 없어도 충분히 읽을 수 있다. 그러나 말하는 사람과 청중의 경우, 둘은 가까운 거리에서 서로 음성이라는 신호체계를 통해 정보를 주고받는다. 말은 리듬감 있는 소리로 구성되어 있으며 그 의미는 말하는 자와 듣는 자가 함께 있는 상황 속에서만 전달이 가능하다.

이와 마찬가지로 우리가 기록된 성경을 읽을 때 눈으로만 읽는 것이 아니라 소리 내어 읽는다면, 우리 입에서 나오는 음성과 귀로 듣는 소리는 우리 앞에 화자와 청자를 소환하는 상호작용을 가능하게 한다. 음성을 통해 과거의 사건들을 현재로 불러오거나 의미를 만든다.

커뮤니케이션이 실재적인 소리를 통해 전달되는 대인적인 상황에서 이루어지기 때문에 대화에 참여하는 '나와 너'가 실재에 대한 감각을 공유하게 되고 서로의 내면과 상호 작용하게 된다.

이렇게 소리로 전달되는 정보는 시간의 흐름에 따라 사라지는 말에 대한 기억을 머릿속에 담아두기 위해 기억의 방법과 표현을 만든다. 과거의 기억은 그것을 전달하는 사람의 시점과 행동을 통해 현재로 재생되어 전달된다.

글자로 기록된 성경을 가지고 있는 우리에게도 하나님의 말씀은 구약시대 때와 같은 방법으로 하나님의 뜻과 계시가 전해지기를 원한다. 글이 아니라 하나님의 음성으로 계시되기를 원한다.

우리가 성경을 볼 때 눈으로만 성경을 읽는 것이 아니다. 소리를 내어서 귀로 들을 수 있는 말글로 성경을 읽고 귀로 들은 말씀은 반복해서 듣고, 암송할 수 있도록 꾸준히 읽어야 한다.

"희미한 잉크가 선명한 기억보다 오래간다"라는 표현이 있다. 하지만 잉크도 시간이 지나면 희미해진다. 희미한 잉크와 낡아서 해어진 종이보다 더 오래가는 것이 기억일 수 있다. 그러므로 말씀은 성경 책에 기록하는 것이 아니라 내 귀에 들려진 하나님의 음성으로 마음에 새겨야 한다.

읽으라 - 카라

구약성경에는 (눈으로) '읽으라'라는 표현이 없다. 읽으라고 번역된 히브리어는 눈으로 읽는 것이 아니라 눈으로 본 것을 입으로 낭독한다는 의미의 표현이다. '읽으라, 읽다'라는 표현의 히브리어는 '카라'인데, 이 단어는 구약에서 50회에 걸쳐 '읽으라, 읽다'(read)로 사용되었다. 또 '카라'에는 '말하다, 명하다, 부르다, 이름을 짓다'라는 의미도 있는데, 구약 전체에서 이러한 의미로 800회 사용되었다.

종합하면, '카라'는 전체적으로 '부르다, 명령하다, 칭하다'라는 의미로 사용되었고, '읽다, 낭독하다'의 의미로도 사용되었다. 모두 소리와 관련된 의미로 사용되고 있다.

> 그날 모세의 책을 '낭독하여' 백성에게 들렸는데
> 느 13:1

> 그날 밤에 왕이 잠이 오지 아니하므로 명령하여 역대 일기를 가져다가 자기 앞에서 '읽히더니'
> 에 6:1

구약에는 현대적인 개념의 '눈으로 책을 본다'는 의미로 '읽는 다'는 표현을 사용하지 않는다. 소리 내어 낭독하거나 그 들리는 소리를 귀로 듣는 행동을 의미한다.

묵상하라 - 하가

'묵상하다'라는 표현도 소리와 관련이 있다. 국어사전에서는 '묵상'을 '눈을 감고 말없이 마음속으로 생각하다'라고 뜻을 풀이

하고 있다. 하지만 성경에서 '묵상'이라고 번역된 히브리어 '하가'에는 청각적인 감각의미가 담겨 있다.

히브리어 '하가'의 의미를 사전에서 찾아보면 growl(으르렁거리다), utter(소리를 내다), speak(말하다), coo(비둘기가 구구구구하다) 등 주로 소리를 내는 의미로 해석하고 있다. 결국 말씀을 묵상하는 행위는 소리를 내어서 읽는 것, 중얼거리는 것과 깊은 관계가 있다.

여호수아에게 말씀하신 "이 율법 책을 네 입에서 떠나지 말게 하며 주야로 그것을 묵상하여"(수 1:8)에 기록된 '묵상'의 의미도 입에서 나오는 소리와 관련 있다. 소리를 내어서 낭독하면 대부분 귀로 듣고 암기가 된다. 그러므로 낮은 목소리로 읊조리면서 읽고, 또 그것을 암송하라는 의미이다.

소리를 내어서 낭송하는 행위는 종이에 글로 기록하는 행위와는 달리 마음에 새기는 새김의 행위로 이해되는 것이다. 이렇게 작은 소리로 읊조리는 행동의 결과가 시냇가에 심은 나무처럼 열매를 맺는 것으로 이어진다.

읊조리는 것은 크게 힘들이지 않고 중얼거리듯이 자연스럽게 흘러나오는 소리와 같은 것이다. 밤낮으로 읊조린다는 것은 하나님 말씀이 몸에 배어 있고 삶에 묻어나는 것이다. 이렇게 될 수 있는 이유는 바로 그 가르침을 즐거워하기 때문이다. 여호와의 말씀은 소리조차도 즐겁고 흥이 난다.

오직 여호와의 율법을 즐거워하여 그의 율법을 주야로 묵상하는도다

시 1:2

구약성경에서 '묵상'의 용례는 소리와 직접 관련이 있는 표현으로 웅얼거림의 방법을 동원하는 말씀암송의 행위이다. 그러므로 하나님의 말씀을 묵상한다고 표현할 때는 음성으로 소리를 내어서 읊조리며 암송의 단계로 나아갈 때 비로소 즐거워하여 묵상한다고 할 수 있다.

묵상은 말씀의 뜻을 발견하기 위한 방법이 아니라 말씀을 즐거워하는 표현의 방법이다.

소리와 말의 힘

하나님의 말씀을 소리 내어 읽는 모습은 초대교회 시대에도 선명하게 나타나 있다. 빌립이 에티오피아의 관원에게 다가갈 때 그 관원이 이사야서를 '읽는 것을 들었다'(행 8:30)고 되어 있다. 이 광경은 바로 고대의 독서 습관을 보여 주는 광경이다. 혼자서 성서를 읽을 때도 소리 내어 읽는 것이 보편화되어 있었다.

여기서 소리와 말의 힘을 알 수 있다. 히브리어로 '다바르'는 '말, 사건'이라는 뜻이다. 즉, 말한다는 것은 곧 사건이 일어난다는 의미다. 말은 의사소통을 위한 도구 정도로 이해될 수 없다. 말은

곧 사실, 사건 그 자체가 되기 때문에 말을 신중히 해야 한다.

말은 살아 있는 의미와 사건의 전달 도구이다. 특별히 집단이 성경을 낭독하고 낭송하고 암송할 때 청중들 속에서 일어나는 해석학적 변화는 언제나 새롭고 신선한 의미를 던져준다. 문서의 글은 전문적으로 교육받은 사람의 해석을 요구하지만, 구술을 통한 집단의 낭독과 암송은 그 집단이 만들어내는 새로운 해석의 세계로 인도하기 때문에 말씀을 살아 있고 새롭게 한다.

문자는 그 자체로는 생명력이 없다. 그러나 소리는 말하는 자와 듣는 자가 같은 공간에서 일어나는 구술의 행위로서 생명력을 가지고 있다. 지금까지는 주석과 해석, 신학 작업에 의한 성경 해석을 의지했다면 논리적 신학적 해석에서 벗어나 생생하고 살아 있는 해석으로서의 낭독과 암송을 경험해보아야 한다.

소리는 말할 때와 들을 때가 다르고, 집단에 따라 다르며, 환경에 따라 달라질 수 있다. 구약시대부터 하나님의 말씀을 지키고 공동체를 지키고 심지어 잃어버린 나라까지 지켜왔던 하나님의 말씀은 읽는 행위만으로도 예배이며 기도이며 찬양이었다.

하나님의 말씀이 낭독되고 선포되고 집단으로 읽어질 때 매번 새로운 해석과 감동을 주게 된다. 하나님의 말씀은 설교자에 의해 해석되어서 설교로 표현된다. 그러나 그 전에 청중들이 본문의 말씀을 사모하는 마음으로 소리로 낭독할 때, 해석된 설교를 듣기 이전에 공동체는 말씀 앞에 노출되어 이미 하나님의 임재를 경험하게 된다.

공동체가 함께 찬송할 때 감동이 되는 것처럼 함께 소리 내어서 성경을 읽고 암송할 때 영적인 역동이 일어난다. 이런 것을 역동적 해석이라고 말할 수 있다.

역동적 해석은 구술과 암송에 의해서 힘을 얻어 삶으로 이어질 수 있다. 독자가 되는 것과 청자가 되는 것은 다른 경험이다. 독자는 상대방이 없어도 지면의 글로 저자를 만나지만 청자는 화자를 필요로 하고 청자와 화자는 이미 집단이 되어 함께 저자의 공간으로 들어가게 된다. 거기에 성령의 감동도 더해진다.

그러므로 성경은 기록을 목적으로 기록된 것이 아니라 기억하기 위해 기록된 것이다. 그리고 기억된 말씀대로 순종하기 위함이다. 신약시대에도 예수님의 제자들을 통해 구술로 전해진 말씀을 몸에 기록하는 방식으로 삶으로 실천하였고, 그 후에 그들이 전한 말을 글로 기록한 것이 신약 성경이다. 성경은 언어와 삶이 연결되어 있는 도구로서 그 역할을 감당하고 있다.

말씀이 삶의 습관이 되게 하라

성경 읽기는 소리 내어 읽는 것과 더불어서 그것을 반복하여 낭독함으로 암송하는 것이라 하겠다. 꾸준한 성경 읽기를 통해 하나님의 말씀이 근육의 기억으로 남아 삶으로 적용되는 것이 성경암송이다. 말씀이 삶의 습관으로 자리 잡을 때까지 지속적으로 반복하여 낭독하는 것이 성경암송이다.

그러므로 암송의 방법이라고 한다면 그것을 지속적으로 반복하여 소리 내어 읽는 것이다. 지속적으로 반복되는 읽기와 암송은 횟수를 거듭할수록 청각적 해석효과는 극대화된다. 더듬더듬 읽는 행위가 횟수를 반복할수록 유창함과 높낮이, 감성적 표현들이 살아나고 암송된 성경은 풍성한 낭독을 제공할 수 있게 된다.

이를 위해 잘 준비된 신앙공동체가 교회다. 교회 공동체는 모임 장소와 시간이 규칙적이고 정기적이다. 유대인의 회당과도 같다고 볼 수 있다. 정기적인 시간과 장소를 반복적인 낭독을 통한 암송의 기회로 만들 수 있을 것이다.

정기모임을 통한 낭독, 낭송의 전통은 개신교 전통 안에 이미 들어와 있었다. 바로 찬송가 뒤편에 있는 교독문이다. 이 교독문은 목회자와 회중이 서로 주고받으며 낭송(recitation)한다. 주로 시편 성경을 목사와 성도가 교독하는 시간이다.

원래 성시교독문은 성경이 모든 성도들에게 보급되지 않았을 때 찬송과 함께 성도들이 암송하여 읊조릴 것을 목적으로 마련된 시편과 성경의 일부였다.

지금도 유대인은 자녀들을 위하여 토라를 회당과 가정에서 꾸준하게 낭독하며 암송한다. 유대인들은 '토라 포션'이라고 토라를 일 년에 한 번 읽을 수 있도록 매 주간마다 회당에서 성경을 읽도록 훈련받는다.

고대 유대인들이 국가를 잃은 후 채택된 교육기관은 회당이었다. 회당은 예배장소로서도 이용되었지만 공부하는 장소이기도 했다.

공부는 회당 안에서나 또는 그 안에 있는 작은 방에서 진행되었는데, 수백 개의 회당들이 유대인 공동체 내에 세워졌다. 회당은 예루살렘 성전과는 비교할 수 없이 작고 조그마한 건물일 뿐이다. 종교적인 색깔도 없다. 그냥 상가건물이다. 이런 조그마한 회당이 유대인들의 말씀 신앙을 굳게 붙들어준 역할을 했다. 이곳에서 유대인들은 토라를 공부하고 자녀들에게 토라를 가르치는 일을 하고 있다.

왜 예루살렘 성전이 아니고 회당이었을까? 그들은 구약시대 선지자들을 통해 제사보다 하나님 말씀을 듣기 원하시며 말씀 공부를 통해 하나님 알기를 원하셨던 하나님의 마음을 예루살렘 성전이 아닌 회당에서 실천해오고 있는 것이다.

나는 인애를 원하고 제사를 원하지 아니하며 번제보다 하나님을 아는 것을 원하노라

호 6:6

사무엘이 이르되 여호와께서 번제와 다른 제사를 그의 목소리를 청종

하는 것을 좋아하심 같이 좋아하시겠나이까 순종이 제사보다 낫고 듣
는 것이 숫양의 기름보다 나으니

삼상 15:22

오늘날 교회는 예배를 위한 제사의 공간을 넘어서 교육을 위한
말씀의 공간으로 새롭게 될 필요가 있다. 오늘날 교회는 '예배'라
고 하는 제의적 기능보다 말씀을 낭독하고 암송하는 '회당'과 같
은 기능으로서의 공간 사용을 실천해야 한다.

교회에서 정기적인 모임 시간을 활용하여 소리내어 반복해서
읽는 행위는 암기가 아닌 암송을 가능하게 만들고, 이것이 지속
될 때 성경암송이라는 열매로 드러나게 될 것이다. '쉐마'(들으라),
'카라'(말하다, 읽다) 그리고 지속적으로 '하가'(소리를 내어 웅얼거
리는 행동)하는 모든 행동들은 반복적으로 소리 내어 읽는 공동체
의 성경읽기 방법이었다.

특히 어린 시절에 부모와 함께 소리내어 성경을 읽는 행위는
언어 습득을 포함하여 여러 부분에 유익을 준다. 어려서 암송을
하는 것은 부모와의 긴밀한 유대 관계에서 오는 자연스러운 습득
과 연습의 과정이 되기도 한다. 어린 자녀들은 부모가 성경을 읽
는 소리로 언어를 배우고, 친밀함에 거하며, 성경의 어휘로 가득
찬 언어능력을 갖게 된다.

그러니 우리는 교회에서, 가정에서 성경을 눈으로만 볼 것이

아니라 듣고, 읽고, 읊조리며 암송하는 것을 통해 말씀이신 하나님을 우리와 우리 자녀들 마음 안에 거하게 해야 한다.

말씀이
우리 안에 거하면

모든 성경은 하나님의 감동으로 된 것으로
교훈과 책망과 바르게 함과 의로 교육하기에 유익하니
이는 하나님의 사람으로 온전하게 하며
모든 선한 일을 행할 능력을 갖추게 하려 함이라

딤후 3:16,17

말씀을 암송하는 가장 궁극적인 목적은 말씀대로 살기 위함이다. 그렇기에 성경암송은 머리가 아니라 몸에 기록하는 것이다. 신약학 박윤만 박사는 2,3세기 초기 교회가 하나님의 말씀을 담아야 하는 매체는 코덱스(파피루스) 필사본이 아니라 사람의 몸이라는 흥미로운 연구를 했다.

고대 사회에서는 문서를 동물가죽과 파피루스, 나무판 등에 기록했는데, 문서의 형태는 크게 세 종류로 나뉘었다. 두루마리(scroll), 서판(tablet), 코덱스(codex)가 그것이다. 코덱스는 오늘날 책의 가장 기본적인 형태로, 두루마리가 아닌 낱장의 페이지로 구성하여 제본되듯이 책으로 만들어지는 형태의 문서다. 저렴

한 가격과 편리성 때문에 코덱스는 책보다는 연습용 노트 혹은 공책 정도로 사용되었다. 두루마리는 부자나 남성, 서열이 높은 사람이 주로 사용했다.

신구약성경 기록에 사용된 문서 중 9개만 두루마리의 형태로 기록되었고, 나머지 158개의 성경 기록이 코덱스로 존재했다. 초기 성경 기자들은 코덱스에 하나님의 말씀을 기록하기를 선호했다.

두루마리에 기록된 경전을 중요하게 여기면서도 기록과 수정이 쉽고 가벼운 코덱스를 사용한 이유를 박윤만 박사는 하나님 말씀을 두루마리나 코덱스에 기록하는 것이 목적이 아니라 사람의 몸에 담기 위한 과정을 목적으로 하기 때문이라고 설명했다.

권위 있는 하나님의 말씀을 연습장, 메모장 같은 곳에 필사한 가장 궁극적인 이유는 코덱스를 통해 거룩한 말씀이 '저장'되어야 할 곳은 파피루스가 아니라 그것을 기록하고 읽는 사람 그 자체여야 하기 때문이란 것이다. 코덱스에 기록된 성경은 사람(기억)에게 기록되는 저장소로 옮겨가는 임시 장소였다는 결론이다.

예수님의 제자들이나 예수님을 따르는 자들은 예수님의 어록을 글로 적는 일에 크게 비중을 두지 않았다. 오히려 예수님의 가르침을 몸소 실천하고 따르는 일에 더 많은 관심을 보였다. 예수님의 의사소통 방식도 마찬가지였다. 사복음서가 등장하기 전 예수님의 행적은 40년 동안 소리(sound)를 통해서만 전달되었고, 그것을 담은 매체 역시 사람의 기억(memory)이었다.

오늘날 우리가 들고 있는 저렴하고 편리한 도구인 성경은 그 자체로는 아무런 권위도 능력도 없다. 그것이 '말-글'에서 다시 '글-기억-말, 그리고 삶'이 되기까지 말씀을 새기는 것이 말씀암송의 목적이라고 할 수 있겠다.

말씀을 몸에 기록한 사람들

한국교회 역사에서도 하나님의 말씀을 몸에 기록한 사람들과 관련된 역사가 많다. 권서인(勸書人, Colporteur)이라고 하여 선교 초창기에 전도지나 쪽복음서 혹은 성경을 배부하거나 팔던 행상인들은 성경을 많이 암송하고 있었다.

한국교회 초기 권서인들은 1910년에 238명에 육박했고, 강인한 체력과 영혼 구원의 열정에 특심인 자, 덕망이 높은 자, 성경구절을 자유롭게 인용할 수 있도록 교육을 받은 자들이 선택되었다. 권서인들은 아침 7,8시까지 찬송과 기도, 성경공부를 했고, 9시에 둘씩 짝을 지어 복음궤짝을 지고 하루에 100~150권의 성경을 팔았다고 한다. 한국교회 초기 권서인들은 전도를 한 것이 아니라 성경 말씀을 전했다. 그것이 한국교회 부흥운동의 기초가 되었다.

그중에 한국의 삭개오라는 별명을 가진 맹인 백사겸은 복음서를 줄줄 암송하는 전도자였다. 그는 평남 평원군 순안의 농부 집

안에서 태어나 두 살 때 아버지를 잃었고, 아홉 살 때 실명했으며, 1년 후 어머니마저 세상을 떠났다. 당시 맹인이 할 수 있는 최고의 직업은 '복술업', 즉 점(占)을 치는 일이었다. 백사겸은 평양에 가서 사람들이 많이 모이는 대동강변에 자리를 펴고 점치기 시작하여 후에 서울 근교 고양읍에 자리를 잡았다.

이십 년 가까이 점을 치며 유명세를 탔지만 무속신앙의 허망함을 깨닫고 진리를 찾기 위하여 노력했다. 그래서 백사겸은 도(道)를 구하기 위해 나름의 종교적 수행을 시작했고, 1897년 1월 12일 아침, 전도를 위해 집을 찾은 남감리회 권서인에게서 전도책자를 받고 예수님을 믿기로 결심했다.

그는 믿음 생활을 시작했지만 맹인이라 성경을 읽을 수 없었다. 그래서 어린 아들에게 성경을 소리 내어 읽게 하고 귀로 들은 그 말씀을 외워서 '걸어다니는 복음서'라는 별명을 얻게 되었다.

그는 눈이 보이지 않았기 때문에 귀로 들은 하나님의 말씀을 기억하기 위해 남다른 노력을 했다. 말씀을 들은 후 그것을 잊지 않기 위해 삶으로 먼저 순종하며 실천했다. 삶으로 실천한 구절의 말씀이 더 오래 기억되었다. 암송한 하나님의 말씀은 머리에 기억으로만 남는 것이 아니라 삶으로 이어져 순종하게 된 것이다.

말씀암송이 순종에 이르는 길이다

말씀암송은 우리를 순종의 길로 이르게 하는 중요한 동력이 된다.

> 이 율법책을 네 입에서 떠나지 말게 하며 주야로 그것을 묵상하여 그 안에 기록된 대로 다 지켜 행하라 그리하면 네 길이 평탄하게 될 것이며 네가 형통하리라
>
> 수 1:8

이 말씀은 일반적으로 여호와의 두 가지 명령, 즉 율법책을 입에서 떠나지 않게 주야로 묵상하는 것과 그 안에 기록된 대로 다지켜 행하는 것이 평탄과 형통의 전제라고 해석된다. 그러나 구약을 가르치는 민경구 박사는 성경암송의 결과가 말씀 순종과 행함에 직접적인 영향을 주고 있다는 새로운 해석을 제안한다.

히브리성경을 헬라어로 번역한 70인 역 성경은 이 두 명령 사이의 '러마안'이란 히브리어 접속사를 헬라어 '히나'(in order to)로 번역하여 이 말씀을 두 개의 명령형이 아닌 종속절의 하나로 보고 있다. 그렇게 되면 목적 문장으로 이해되어야 한다는 것이다. 즉, "이 율법 책에 기록된 대로 '행하여 지키기 위해서' 그 책을 네 입에서 떠나지 말게 하며 주야로 그것을 묵상하라"라고 번역할 수 있다는 것이다.

이는 여호수아의 입에 토라가 주어지고, 그것을 넘어 지속적으로 '하가'(소리를 내어 웅얼거리는 행동) 하는 것만으로도 지켜 행함과 형통과 평안의 길이 열린다는 의미다. 나는 이 의견에 동의한다.

이는 시편 1편 말씀과 너무나도 잘 연결된다.

> 오직 여호와의 율법을 즐거워하여 그의 율법을 주야로 묵상하는도다 그는 시냇가에 심은 나무가 철을 따라 열매를 맺으며 그 잎사귀가 마르지 아니함 같으니 그가 하는 모든 일이 다 형통하리로다
>
> 시 1:2,3

여기에 한 가지 더 덧붙여 설명하고 싶은 게 있다. '지킨다'라고 번역된 히브리어 '샤마르'의 의미다. 한글성경에서는 주로 '순종한다, 말씀대로 산다'라는 의미로 번역되지만, 히브리어 용례를 보면 '보관(keep), 보호(protect, guard), 저장(save), 보존(preserve)'의 의미로 더 많이 사용되었다. 즉, 말씀을 입과 마음에 쌓아두고 지키고 보존하는 행위, 암송을 의미하는 내용이다.

이런 의미를 살려서 여호수아서 1장 8절을 다시 표현해보면 이렇게 정리할 수 있다.

"이 토라(율법)의 책을 네 입에서부터 떠나지 말게 하고 그 가운데 기록한 모든 것을 그대로 보존하고 행동하기 위하여 너는 그

것을 밤과 낮에 소리내어 웅얼거리라 왜냐하면 네가 네 길을 형통하게 하고 번영하게 할 것이기 때문이다."

소리 내어 읊조리는 행위, 입에서 율법책이 떠나지 않게 하는 행위만으로도 여호와의 약속은 이미 성취되어 있는 것이다.

가나안 정복을 앞둔 중요한 순간에 여호수아에게 주신 이 명령은 가나안 정복이 끝난 후 땅을 분배하고 민족을 해산할 때 다시 한번 반복된다(수 23:6). 여호수아서는 여호수아와 이스라엘 백성의 가나안 정복 전쟁 이야기를 담은 전쟁의 책이 아니라 여호와의 말씀을 선포한 책이다. 율법의 낭독과 준수에 대한 내용이 처음과 끝에 등장하여 여호수아서 전체를 감싸고 있다.

순종 가능한 원동력이 암송에 있다

여호수아서 7장에서는 여리고 정복 후 아이 성 전투에서 패배한 이스라엘 백성의 계명 준수 실패라고 하는 뼈아픈 상처를 기록하고 있다. 그리고 여호수아서 8장에서는 그 상처를 딛고 다시 일어선 이스라엘 백성들이 아이 성 정복을 마치자마자 곧바로 모든 백성이 세겜 땅으로 올라간다.

아이 성 전투 후 세겜까지 48킬로미터에 이르는 거리를 모든 이스라엘 백성들이 이동했다. 그 이유는 신명기 27장 1-8절의 말씀 때문이다. 하나님께서는 신명기 27장에서 모세를 통해 가나안 땅에 이르면 먼저 해야 할 일을 명령하셨고, 백성들이 이를 기억하여 비로소 순종하게 된 것이다.

> 너희가 요단을 건너 네 하나님 여호와께서 네게 주시는 땅에 들어가는 날에 큰 돌들을 세우고 석회를 바르라 요단을 건넌 후에 이 율법의 모든 말씀을 그 위에 기록하라 … 너희가 요단을 건너거든 내가 오늘 너희에게 명령하는 이 돌들을 에발 산에 세우고 그 위에 석회를 바를 것이며 또 거기서 네 하나님 여호와를 위하여 제단 곧 돌단을 쌓되 그것에 쇠 연장을 대지 말지니라 … 또 화목제를 드리고 거기에서 먹으며 네 하나님 여호와 앞에서 즐거워하라 너는 이 율법의 모든 말씀을 그 돌들 위에 분명하고 정확하게 기록할지니라
>
> 신 27:2-8

여호수아는 가나안 정복의 가장 처음 순간에 받은 여호와의 명령을 아이 성 전투 직후 곧바로 실천했다.

> 그 후에 여호수아가 율법책에 기록된 모든 것 대로 축복과 저주하는 율법의 모든 말씀을 '낭독'(카라)하였으니 모세가 명령한 것은 여호수아가 이스라엘 온 회중과 여자들과 아이와 그들 중에 동행하는 거류민들 앞에서 '낭독'(카라)하지 아니한 말이 하나도 없었더라
>
> 수 8:34,35

이렇게 계명을 실천 가능하게 한 명령이 여호수아서 1장 8절에 녹아 있는 것이다. 여호수아가 여호와의 말씀을 행동에 옮길 수 있게 하기 위하여, 밤과 낮으로 율법책을 입에서 떠나지 않게 웅얼웅얼거렸다는 것이다. 암송했다는 말과 동의어다. 여호와의 계명이 실천으로 옮겨가는 단계가 있는데 가장 첫 번째 단계가 입에서 떠나지 않는 것이다.

하나님께서 우리에게 원하는 것은 우리가 하나님의 말씀에 순종할 수 있도록 하나님의 말씀을 듣는 것(쉐마)과 그 말씀을 간직(샤마르)하는 것, 그리고 소리를 내어서 읽고(카라), 입에서 떠나지 않게 하며(하가) 그것을 즐겁게 곱씹는 것이다. 그럴 때 우리는 말씀이신 하나님을 우리 안에 모시고 하나님의 뜻대로 살아갈 수 있게 될 것이다.

말씀의 빅데이터
구축하기

하나님의 말씀은 살아 있고 활력이 있어 좌우에 날 선 어떤 검보다도 예리하여
혼과 영과 및 관절과 골수를 찔러 쪼개기까지 하며
또 마음의 생각과 뜻을 판단하나니

히 4:12

　첨단 과학시대에 하나님의 말씀을 굳이 암송할 필요가 있을까?
이제는 두꺼운 성경책을 들고 다니지 않아도 스마트 기기에서 1
초 만에 검색하고 말씀을 찾을 수 있다. 암송하지 않아도 인공지
능이 상황에 적절한 말씀을 찾아주기까지 한다. 그런 시대에 우
리는 말씀을 꼭 암송해야 하는가? 그러나 말씀암송 자녀교육은
첨단 과학시대에 더욱 최적화되어 있다.

　지금은 인공지능 시대다. 인공지능은 전 세계에 존재하는 엄청
난 양의 빅데이터를 분석하고 학습하는 알고리즘 세상을 열었다.
알파고 이후로 인공지능은 딥러닝을 통해 더 정확하고 빠른 알고
리즘 능력으로 인류에게 필요한 정보들을 분석해서 종합적으로

해석해내는 능력을 갖게 되었다. 정보량이 많을수록 인공지능의
학습과 분석능력은 커지고 정확해진다.

인공지능은 이미 우리 생활 곳곳에서 활용되고 있다. '빅스비,
시리, 지니, 누구' 등 이름만 부르면 질문에 대답하고 필요한 정보
를 찾아준다. 어린아이부터 노인에 이르기까지 인공지능과 대화
하고 소통한다. 때로는 외로움도 달래주며, 음악도 틀어주고
IoT(사물인터넷)를 통해 세탁기를 돌리기도 한다.

말씀의 빅데이터를 채워주라

이런 최첨단시대를 생각하면 생각할수록 말씀암송이야 말로
최첨단에 이르는 거룩한 딥러닝이라 할 수 있겠다. 우리가 어려
서부터 하나님의 말씀을 많이 새겨두면 새겨둘수록 깨닫게 하시
는 성령지능이 딥러닝을 통하여 거룩한 알고리즘으로 우리를 이
끌어 가실 것이다.

하나님의 말씀은 살아 있기 때문에 세상의 정보보다 훨씬 뛰어
난 분석적 지혜와 총명으로 우리의 자녀들에게 성령의 깨달음으
로 다가오실 것이다. 이런 신앙 알고리즘을 키우기 위해서는 암
송된 데이터의 양을 늘릴수록 유익하다.

말씀암송은 구약시대, 초대교회의 신앙생활을 복원하고 과거
로 회귀하려는 시대역행적 자녀교육이 아니다. 말씀암송 자녀교

육이야말로 최첨단 과학시대에 인공지능을 넘어서는 영적 딥러닝으로 가는 지름길이다. 말씀암송은 미래 교회를 향한 거룩한 알고리즘으로 우리 자녀들을 이끌어갈 것이다.

반도체 인재 양성을 위해 기초과학과 기초수학교육을 중요하게 여긴다. 미래 인재양성을 위해서 역사교육을 중요하게 여긴다. 역사를 알아야 미래를 예측할 수 있기 때문이다. 제2외국어 교육을 위해서 언어 노출 학습에 열심을 보이는 부모들도 있다.

그렇다면 자녀들이 거룩한 하나님의 백성으로 살게 하기 위해서 기초 교육으로 무엇을 해야 하겠는가? 무엇에 노출되어야 하겠는가? 말씀으로 기초 교육이 되어야 한다. 글과 말을 배우기 전에 가장 기본적으로 거룩한 하나님의 말씀을 교육하는 것이 첨단 미래를 거룩으로 준비하는 일이라 하겠다. 아이들에게 심어준 말씀의 빅데이터가 아이들에게 지혜와 총명이 되어 미래의 지도자로 서게 할 것이다.

네가 네 하나님 여호와의 말씀을 삼가 듣고 내가 오늘 네게 명령하는 그의 모든 명령을 지켜 행하면 네 하나님 여호와께서 너를 세계 모든 민족 위에 뛰어나게 하실 것이라

신 28:1

컴퓨터에 프로그래밍 언어가 있듯이 영혼을 움직이는 언어가

있다. 컴퓨터와 같은 IT기계에 명령이나 연산을 시킬 목적으로 설계되어 기계와 의사를 소통하는 언어를 프로그래밍 언어(programming language)라고 말한다. 사람이 컴퓨터와 소통하기 위해 만든 언어가 프로그래밍 언어이다. 이 언어로 소프트웨어를 만들고 어플리케이션이 개발된다.

하나님께서 세상을 창조하시고 자기 백성들과 소통하시려고 주신 하늘의 언어가 바로 하나님의 말씀이다. 우리는 성경 말씀의 약속을 붙들고 하나님께 기도하고, 말씀으로 역사하시는 하나님께 찬양한다. 그뿐만 아니라 말씀을 통해 하나님의 뜻을 분별하고 지혜를 얻는다.

우리는 성경 말씀을 들음으로 믿음에 이르고 구원에 이르는 지혜를 얻는다. 말씀암송 자녀교육은 하나님과 소통하는 하늘 언어 능력을 갖추어주는 것이다.

믿음은 들음에서 나며 들음은 그리스도의 말씀으로 말미암았느니라
롬 10:17

친밀함으로 습득의 환경을 조성하라

어린아이가 태어나서 언어를 습득하는 과정을 보면 말씀암송 자녀교육의 중요성을 발견할 수 있다. 자녀들이 태어나서 부모로

부터 배워 사용하는 언어를 모국어라고 한다. 모국어는 학습한다고 하지 않고 습득(acquisition)한다고 말한다.

습득되는 것과 학습되는 것은 다르다. 습득은 삶 속에서 얻어지는 자연스러운 학습의 과정으로 학습자의 자발성과 열린 환경에서 교육이 일어난다. 반면에 의도적인 배움의 과정을 통해 배우는 것(learning)을 학습이라고 한다. 학습은 저절로 되는 것이 아니라 인위적이고 의지적인 노력이 필요하다.

그러나 습득은 자녀가 태어나 부모와 친밀함을 유지하는 도중에 저절로 일어나는 교육의 과정이다. 습득 과정에서 중요한 것은 '관계'이다. 부모와 자녀의 관계에서 친밀함은 습득에 있어서 아주 중요한 역할을 한다.

어린아이는 부모를 통해 부모가 사용하는 언어환경에 자연스럽게 노출되며, 성장 과정에서 아이는 부모와 소통하기 위해 울음, 옹알거림, 웃음 등으로 자기의 필요를 알리고 자신의 언어를 던진다. 부모는 부모가 사용하는 언어를 아이에게 표출한다. 그리고 그 과정에서 쌓이는 친밀함과 소통의 필요로 인해 아동의 언어습득은 연습과 노력의 결과로써가 아니라 무의식적이고 자연스럽게 이루어진다. 부모의 일방적이고 의도적인 주입 방식이 아니라 부모와 자녀와의 친밀감에 의해서 자발적 학습이 일어나는 것이다.

그러므로 자녀들과 함께 말씀을 암송할 때 중요하게 생각해야 하는 것은 부모와 자녀의 친밀한 관계이다. 자녀는 태어날 때 처음 맺은 관계인 부모와 가장 친밀한 관계에서 생을 시작한다. 가장 친밀할 때 가장 중요한 것을 들려주어야 한다.

토마스 브루스터(E. Thomas Brewster)는 초임 선교사의 현지 언어 습득의 과정에서 친밀감이 언어습득에 미치는 영향에 대해 연구했다. 브루스터 박사는 언어에 대한 관심보다 언어를 사용하는 사람에 대한 관심이 언어습득에 크게 영향을 준다는 연구 결과를 전하며, 그러므로 초임 선교사들은 현지 언어와 문화를 배우기 이전에 현지인들을 뜨겁게 사랑하며 깊은 관심을 가질 것을 요청했다. 실제로 그런 선교사들의 초기 정착 속도가 아주 빠른 결과를 보여주었다.

자녀의 결정적 시기에 말씀을 채우라

마찬가지로 자녀들이 태어나서 학습할 수 있는 최초의 환경적 여건은 부모이다. 자녀는 태어나는 순간 부모로부터 모든 것을 가감 없이 수용한다. 어린 자녀들이 태어나서 가장 친밀하고 가장 가까운 대상은 부모들이다. 부모가 말하는 방식, 생각하는 방식을 그대로 수용한다.

이런 현상을 각인이론(Imprinting theory, 로렌조 이론)이라고 한다. 알에서 태어난 새끼오리가 생의 초기에 제한된 기간 동안 노출된 대상에게 애착이 형성되어 추종하는 행동패턴을 말하는데, 이 각인 현상은 부화한 직후 어떤 결정적인 시기에 그들을 낳아주거나 기른 부모를 따라 배운다는 것을 증명했다. 즉, 출생 후 일정한 기간 내의 신체의 민감한 움직과 반응, 의사 전달의 수단 등에 관련된 결정적 시기(critical period)라는 개념을 이끌어냈다.

이와 같이 갓 태어난 아이는 부모와 함께 보내는 결정적인 시기(critical period)를 갖게 된다. 이 시기에 자녀들은 가장 가까운 거리에서 부모로부터 정서적, 신체적, 영적인 각인이 나타나고 부모의 모든 방식을 그대로 습득한다. 그러므로 가장 애착이 많이 형성되는 시기에 부모는 자녀에게 말씀의 중요성이 자연스럽게 습득되도록 해야 한다. 그러기 위해서 먼저 부모가 말씀을 사모해야 하며, 자녀들이 그것을 느끼도록 의도된 환경을 조성하는 것이 필요하다.

따라서 부모는 이런 친밀한 관계에 있는 어린 자녀들에게 하나님의 말씀을 심어줄 수 있는 최상의 여건을 가지고 있다. 언어적, 과학적, 심리적으로 부모는 자녀들에게 말씀을 심어줄 수 있는 최고의 교사이며 최초의 교육기관이다.

빅데이터, 인공지능이 정보의 홍수 시대를 분석하여 알고리즘 세상으로 이끌어내는 동안, 우리의 자녀들은 부모와의 친밀한 관계에서 모국어를 습득하듯이 하나님의 말씀을 어려서부터 습득해야 한다. 그렇게 될 때 새로운 세상을 기대해볼 만하다.

이 아이를 어떻게 기르리이까?

마노아가 이르되 이제 당신의 말씀대로 되기를 원하나이다 이 아이를
어떻게 기르며 우리가 그에게 어떻게 행하리이까

삿 13:12

삼손의 아버지 마노아와 그의 아내는 임신하지 못하는 상황에
서 여호와의 사자를 통해 이스라엘의 구원자 삼손이 잉태될 것을
알았다. 그때 마노아가 하나님께 그들이 낳을 아이에게 어떻게
행할지를 물었고, 하나님은 나실인의 규례와 명령대로 행할 것을
지시하셨다.

우리가 아는대로 삼손의 일생은 사사시대를 마감하면서 처참
하게 쓰임 받았다. 언제부터 어디서부터 단추가 잘못 꿰인 것일
까? 부모는 아이의 출산 전부터 아이를 어떻게 길러야 할지 물었
고 답을 알았지만 그렇게 가르치지 못한 뼈저린 결과를 경험할
수밖에 없었다.

하나님께서는 부모에게 자녀를 선물로 주셨다. 보물 같은 존재
다. 하지만, 어느새 자녀는 부모의 소유물로 전락하기 쉽다. 양육
의 기간이 길고 돌봄의 시간이 오래되기 때문에 보호자에서 지시
하고 명령하는 주인 노릇을 하기 쉬운 위치가 부모이다. 부모는
하나님의 주권 아래서 자녀를 보배처럼 보호하고 가르치고 돌보

는 자리를 굳건하게 해야 한다.

유대인들의 경우를 살펴보면 자녀는 하나님이 주신 선물이자 하나님께서 잠시 맡기신 것으로 언젠가 되찾아 가신다고 생각한다. 그래서 선물로 받은 아이를 맡아서 잘 기르다가 12,13세가 되면 다시 하나님께 돌려드린다고 생각하여 성인식을 치른다. 유대인 부모의 자식 교육은 성인식 때까지만 이루어진다. 중학교 입학하는 나이까지다.

한국은 오히려 중학교 때부터 부모의 교육 개입이 적극적으로 나타나서 좋은 대학에 보내기 위한 부모와 자식 간 입시전쟁이 시작된다.

유대인은 성인식 후 13세가 지나면 그때부터 아이를 '온전한 성인'으로 대한다. 부모가 개입할 여지가 없어진다. 성인식을 치른 아이는 하나님과 독대할 수 있는 나이로 여긴다. 그때부터 부모는 자녀교육의 책임에서 벗어나게 된다. 짐을 벗는다. 대신 성인식 전까지는 자녀교육에 열과 성을 다한다.

유대인 어머니는 자녀가 태어나면 모유 수유를 의무적으로 해야 한다. 이스라엘의 대부분 기업은 의무적으로 모유 수유 시설을 갖추도록 하고 있다. 유대인은 갓난아이가 엄마의 젖을 물면서 느끼는 믿음·신뢰·사랑의 느낌을 교육의 중요한 지점으로 본다. 아이와 엄마의 친밀감과 애착을 제도적으로 강조하고 있다.

한편 유대인 아버지는 결혼하면 1년간 히브리 학교에 들어가 아버지 공부를 한다. 거기서 유대 전통과 유대교에 대해 배운다. 아버지는 자녀에게 유대 전통과 성경을 가르쳐야 하기 때문에 아버지가 되는 순간 신학을 공부하는 셈이다.

유대인 아버지는 자녀가 성인식을 할 때까지 저녁에 외식을 하지 않도록 교육받는다. 반드시 집에 와서 아이와 함께 저녁 식사를 하며 이야기를 나눈다. 성경, 조상, 아버지의 경험들을 이야기하도록 교육받는다. 이때 아버지는 자녀와 대화하는 대화법도 배운다. 침대 옆 독서, 밥상머리 자녀교육을 아버지가 되는 순간부터 1년간 특별 교육을 받는다. 마노아와 그의 아내가 실패했던 자녀교육이 아들 삼손에게 얼마나 아픈 상처가 되었는지 유대인들은 잊지 않고 있다.

유대인들이 과거 역사에서 경험했던 뼈아픈 교훈을 잊지 않고 어린 시절 자녀를 제대로 양육하는 자리를 지키기 위해 애쓰는 것처럼, 우리도 정말 중요한 시기에 자녀를 말씀으로 채워주는 일에 관심과 노력을 기울여야 한다.

말씀의 강물이 흐르는 곳마다

그가 나를 데리고 성전 문에 이르시니 성전의 앞면이 동쪽을 향하였는데 그 문지방 밑에서 물이 나와 동쪽으로 흐르다가 성전 오른쪽 제단 남쪽으로 흘러 내리더라 그가 또 나를 데리고 북문으로 나가서 바깥 길로 꺾어 동쪽을 향한 바깥 문에 이르시기로 본즉 물이 그 오른쪽에서 스며 나오더라

겔 47:1,2

이스라엘이 멸망하고 포로로 잡혀간 에스겔은 환상 가운데 성전에서 물이 흘러 일천 척을 측량하고 흘러 흘러서 그 물이 흐르는 곳마다 번성하며 생명을 얻는 것을 보았다.

엠마오교회에서 일천절을 암송한 두 남매의 아버지는 교회를 다니지 않는다. 그런데 두 자녀에게 일천절 암송이라는 말을 워낙 많이 들어서인지 '일천'이라는 단어에 적잖게 반응을 한다. 처음에는 무슨 암송을 그렇게 열심히 하느냐며 핀잔을 주기도 했는데, 언젠가 그 가정에 심방을 다녀온 후 만난 그 분의 말이 기억에 남는다.

"목사님 우리 집에 오셔서 성전에서 물이 흘러 일천 척을 측량한 설교를 어깨너머에서 들었는데, 우리 아이들이 암송한 말씀이 흘러 흘러 세상을 살리도록 저도 한번 해볼까 합니다."

아직 교회도 출석하지 않는 아버지의 표현이지만 하나님께서는 그 소리를 이미 들으신 줄 믿는다.

나에게 흘러온 말씀은, 교회와 다음세대로 흘러 이제는 세상을 적시는 하나님의 말씀이 될 것이다. 그리고 그 말씀들이 마른 뼈

를 살리고 죽은 물고기가 살아나는 생명의 바다로 이어지게 될
것을 믿는다.

말씀이
삶이 되는 인생

말이 글로 출판되어 나오는 게 이렇게 어려운 줄 몰랐다. 책의 내용을 마무리하고 나니 아내가 웃으며 말한다.

"당신은 글보다는 말이 더 낫네."

평생 강단에서 말로 설교를 하던 사람이 그 말을 글로 적으려니 매끄럽지 못하단 의미였다. 사실이다.

다시 이 글을 붙들고 씨름해볼까 했지만 그냥 말하는 사람으로 남기로 했다. 나는 앞으로도 계속 말할 것이다. 설교자로 말하고, 말씀을 암송하는 말들을 계속할 것이다. 말이 있고서야 글이 있으니 말을 계속할 것이다.

그리고 목회자의 말은 결코 책과 머리에서 나오지 않는다는 것

235

을 경험했으니, 말하기 전에 실천한 삶을 말로 전하겠다. 다음에 다시 책이 나온다면 그 또한 좋은 글은 아닐 것이다. 그저 강단에서 살아온 삶의 말이 글로 기록될 것이다. 그래서 아내의 말이 좋게 들렸다.

더 많이 말하겠다. 더 많은 말을 위하여 더 많은 삶을 살아보겠다. 그것이 말씀암송의 정신이다.

말이 글로 표현되기도 어렵지만, 그보다 훨씬 더 어려운 일이 있다면 하나님의 말씀이 육신이 되어 우리 가운데 오신 일이다. 하나님의 말씀은 육신이 되어 우리 가운데 거하셨다.

요한은 말씀이 육신이 되신 예수님을 보았고, 예수님의 말씀을 들었다.

> 말씀이 육신이 되어 우리 가운데 거하시매 우리가 그의 영광을 보니 아버지의 독생자의 영광이요 은혜와 진리가 충만하더라
>
> 요 1:14

너희가 내 안에 거하고 내 말이 너희 안에 거하면 무엇이든지 원하는
대로 구하라 그리하면 이루리라

요 15:7

이 책이 독자 여러분에게 유익하려면 글로 기록된 말이 이제는
독자들의 삶이 되어야 할 테다. 내 삶에 펼쳐진 '롬팔이팔'의 하나
님이 이제는 여러분의 하나님이 되었으면 좋겠다.

책의 마무리 단계에서 여진구 대표님의 한 통 전화가 다시 한
번 나를 일깨웠다.

"목사님, 목사님의 책은 한 번만 읽으면 됩니다. 우리가 출판한
책을 몇 번씩 읽으라고 하는 게 아니에요. 목사님 책은 한 번만 읽
으면 되지만, 성경은 몇 번이고 읽어야 하잖아요. 목사님의 책은
독자들을 성경 앞으로 이끄는 도구일 뿐이에요."

이 책을 여기까지 읽게 되었다면 이제는 이 책을 다시 볼 필요
가 없다. 성경 말씀을 펴고, 암송하기 위한 마음의 다짐을 하고,

지속적으로 말씀을 암송하여 자녀들에게 전수하는 303비전을 이루게 되기를 바란다.

  이 책을 집필하는 동안 303비전성경암송학교의 2대 교장이 되었다. 여운학 장로님이 소천하시고 1년간 공석이었던 교장의 직임을 수락하게 되었다. 이 책과 더불어 303비전성경암송학교가 지난날의 은혜를 기억하며 앞으로 더 귀하게 사용되기를 기도한다.

여호와께서 이르시되

내가 그들과 세운 나의 언약이 이러하니

곧 네 위에 있는 나의 영과 네 입에 둔 나의 말이

이제부터 영원하도록

네 입에서와 네 후손의 입에서와

네 후손의 후손의 입에서 떠나지 아니하리라 하시니라

여호와의 말씀이니라

사 59:21

롬팔이팔

초판 1쇄 발행	2023년 2월 28일		
초판 6쇄 발행	2025년 6월 13일		
지은이	한창수		
펴낸이	여진구		
책임편집	이영주 박소영		
편집	최현수 구주은 안수경 김도연 김아진		
책임디자인	마영애 노지현 조은혜 정은혜 남은진		
홍보 · 외서	진효지		
마케팅	김상순 강성민	마케팅지원	최영배 정나영
제작	조영석 허병용	경영지원	김혜경 김경희

303비전성경암송학교 유니게 과정
이슬비전도학교 / 303비전성경암송학교 / 303비전꿈나무장학회

펴낸곳   규장

주소 06770 서울시 서초구 매헌로 16길 20(양재2동) 규장선교센터
전화 02)578-0003   팩스 02)578-7332
이메일 kyujang0691@gmail.com   홈페이지 www.kyujang.com
페이스북 facebook.com/kyujangbook   인스타그램 instagram.com/kyujang_com
카카오스토리 story.kakao.com/kyujangbook
등록번호 1922-2461
since 1978.08.14

ⓒ 저자와의 협약 아래 인지는 생략되었습니다.
이 출판물은 저작권법에 의해 보호를 받는 저작물이므로 무단 전재와 무단 복제를 할 수 없습니다.

책값 뒤표지에 있습니다.
ISBN 979-11-6504-415-2 03230

규 | 장 | 수 | 칙

1. 기도로 기획하고 기도로 제작한다.
2. 오직 그리스도의 성품을 사모하는 독자가 원하고 필요로 하는 책만을 출판한다.
3. 한 활자 한 문장에 온 정성을 쏟는다.
4. 성실과 정확을 생명으로 삼고 일한다.
5. 긍정적이며 적극적인 신앙과 신행일치에의 안내자의 사명을 다한다.
6. 충고와 조언을 항상 감사로 경청한다.
7. 지상목표는 문서선교에 있다.

하나님을 사랑하는 자 곧 그의 뜻대로 부르심을 입은 자들에게는 모든 것이 合力하여 善을 이루느니라(롬 8:28)

Member of the
Evangelical Christian
Publishers Association

규장은 문서를 통해 복음전파와 신앙교육에 주력하는 국제적 출판사들의
협의체인 복음주의출판협회(E.C.P.A:Evangelical Christian Publishers
Association)의 출판정신에 동참하는 회원(Associate Member)입니다.